D1688968

Erich Valentin Schuster

FALSCHES SPIEL

Erich Valentin Schuster

Falsches Spiel

Eine kritische Analyse der deutschen und europäischen Politik

Wie eine falsche und fehlgeleitete Politik die Vision von Demokratie und sozialer Marktwirtschaft ruiniert und Deutschland und Europa in die Instabilität treibt.

DEUTSCHE LITERATURGESELLSCHAFT

Die Deutsche Nationalbibliothek verzeichnet diese Publikation in der Deutschen Nationalbibliografie; detaillierte bibliografische Daten sind im Internet über dnb.dnb.de abrufbar. Die Schweizerische Nationalbibliothek (NB) verzeichnet aufgenommene Bücher unter Helveticat.ch und die Österreichische Nationalbibliothek (ÖNB) unter onb.ac.at.

Unsere Bücher werden in namhaften Bibliotheken aufgenommen, darunter an den Universitätsbibliotheken Harvard, Oxford und Princeton.

Erich Valentin Schuster:
Falsches Spiel. Eine kritische Analyse der deutschen und europäischen Politik
ISBN: 978-3-03831-266-6

Buchsatz: Danny Lee Lewis, Berlin: dannyleelewis@gmail.com

Deutsche Literaturgesellschaft ist ein Imprint der
Europäische Verlagsgesellschaften GmbH
Erscheinungsort: Zug
© Copyright 2021
Sie finden uns im Internet unter:
www.Deutsche-Literaturgesellschaft.de

Die Literaturgesellschaft unterstützt die Rechte der Autoren. Das Urheberrecht fördert die freie Rede und ermöglicht eine vielfältige, lebendige Kultur. Es fördert das Hören verschiedener Stimmen und die Kreativität. Danke, dass Sie dieses Buch gekauft haben und für die Einhaltung der Urheberrechtsgesetze, indem Sie keine Teile ohne Erlaubnis reproduzieren, scannen oder verteilen. So unterstützen Sie Schriftsteller und ermöglichen es uns, weiterhin Bücher für jeden Leser zu veröffentlichen.

Inhalt

Vorwort 9

Ist Demokratie noch zeitgemäß? 17

Neue Soziale Marktwirtschaft (NSM) – die bessere
   Wirtschaftsordnung 27

Zeitenwende in der Parteienlandschaft 37

Wohlstand für wenige, Armut für viele 49

Reiches Land, arme Bürger 59

Von der Vision eines gerechteren Steuersystems 69

Die Mär von der Alterssicherung durch Rente 81

Die Finanz- und Schuldenkrise und ihre Folgen
   für Europa 91

Der Glaube an den Wert des Geldes 103

Zuwanderung und Integration 111

Religionen in der modernen Gesellschaft 123

Europäische Friedenspolitik in einer Welt
   voller Konflikte 131

Globalisierung – Fluch oder Segen? 139

Europa, wohin gehst du? 147

Die Ausbeutung der Welt im globalen Kapitalismus . . 157

Gesellschaft im Wandel der großen
    Herausforderungen 167

Schöne neue Welt 187

Schlusswort 193

Falsches Spiel

Wir alle sind gefangen im gleichen falschen Spiel, nur auf verschiedenen Ebenen, und keiner der Protagonisten und Big Player hält das Spiel an, um die Regeln dieses Spiels fair zu gestalten und Chancengleichheit für alle Menschen dieser Welt zu bieten. Sie lassen eine Veränderung der Regeln dieses unfairen Spiels nicht zu, weil sie ausschließlich ihrem persönlichen Machterhalt und der Bereicherung der Machteliten dienen. Entgegen jeder Sachkenntnis maßen sich elitäre Gruppen an, Entscheidungen über weite Teile der Weltbevölkerung zu treffen, ohne die Menschen nach ihren Meinungen und ihren Erwartungen zu fragen. Nicht der gesunde Menschenverstand, sondern die Macht des Geldes bestimmt die Regeln dieses Spiels.

Vorwort

Als leidenschaftlicher Verfechter der sozialen Marktwirtschaft ist es mir wichtig, den Lesern dieses Buches ein paar Denkanstöße zu dieser Wirtschaftsordnung und anderen politischen Themen zu geben. Politik ist allgegenwärtig und beeinflusst unser Leben und unsere Zukunft mehr, als wir glauben. Was in der Politik entschieden wird, betrifft uns alle.

In einer demokratischen Staats- und Regierungsform sollte das Volk die Politik bestimmen, denn Politik ist zu wichtig, um sie alleine den Politikern zu überlassen, zumal sich das Diskussions- und Dialogfeld in den Debatten unserer Eliten und vor allem unserer Politiker und Medien in Deutschland ständig weiter verengt und sich nur noch auf einen immer kleiner werdenden Diskussions- und Debattenraum fokussiert hat.[1] Eine nicht zu unterschätzende Entwicklung in der politischen Debattenkultur, weil die Lösungen dringender Probleme und deren Denkansätze inzwischen oft außerhalb dieses Diskussions- und Dialograums liegen. Wir brauchen jedoch die ganze Bandbreite unserer Vorstellungskraft, um die Ursachen der Probleme zu erkennen und die richtigen politischen Entscheidungen treffen zu können. Zumal die Komplexität der Themen sich nicht nur auf Deutschland beschränkt, sondern aus heutiger Sicht mehr denn je die Interessen der EU sowie die geopolitischen Interessen der USA, China und Russlands berücksichtigt werden müssen.

---

[1] Siehe auch Prof. Dr. Mausfeld, Rainer: Elitendemokratie und Meinungsmanagement, 2018.

Vielen Menschen fällt es im Zeitalter zunehmender Globalisierung immer schwerer, die Fülle von Informationen richtig einzuordnen. Nach der eingeschränkten Sichtweise, die uns die Leitmedien vermitteln, ist man heute mit einer anderen Meinung schnell ein Rechter oder Linker oder sogar ein Extremist, zumindest aber ein Populist.

Statt alle Denkweisen in einen demokratischen Dialog einzubinden, dient heute die »Populistenkeule« als Allzweckwaffe gegen jede Denkart, die nicht in diese eingeschränkte Denk- und Sichtweise passt.

Ein objektiver Journalismus sollte sich auf die tatsächlichen Fakten konzentrieren und so berichten, wie die Gesellschaft ist und nicht, wie sie nach eigenem Wunschdenken sein müsste oder sein sollte. Leute, die sich zu einer selbsternannten Elite rechnen, glauben, die Wahrheit, die für sie zuträglich ist, dem Land und seinen Bürgern vorenthalten zu müssen, da ihrer Meinung nach die Bürger[2] unfähig sind mit dieser Wahrheit umzugehen.[3] Das ist unglaublich arrogant und undemokratisch. Dass überhaupt darüber nachgedacht wird, was man nach politischer Korrektheit sagen darf oder nicht sagen darf, zeigt, wie weit wir uns von einer freien Meinungsäußerung entfernt haben. Nachrichten so zu präsentieren, wie etwa bei der Massenzuwanderung von 2015, dass man entgegen der überwiegenden Denkweise der Bürger nur noch der vorgegebenen Meinungsmache der Leitmedien zu folgen hat, führt zu einseitiger Information und zu falschen Reaktionen der Bürger.

Die Menschen werden so durch das einseitige humanistische Sendungsbewusstsein der Medien manipuliert und irri-

---

[2] Unter »Bürger« versteht sich hier und im Folgenden sowohl die männliche wie auch die weibliche Form, also »Bürger« und »Bürgerin«. Dies gilt auch für weitere personenbezogene Bezeichnungen, die im Maskulinum stehen.
[3] Vgl. Prof. Bolz, Norbert im Interview mit Hahne, Peter: Medien zwischen Gefühl und Fakten. Wie viel Wahrheit vertragen wir? Phoenix, 29.4.2017.

tiert, weil beispielsweise die Einhaltung von Recht und Gesetz dadurch in Zweifel gezogen wird und nicht mehr klar erkennbar erscheint. Gesetze sind die Normen und Regeln, die sich der Staat und seine Gesellschaft gegeben haben, damit das Zusammenleben in einer Gesellschaft funktionieren kann. Was der eine für human hält, nennt der andere naiv. So war zum Beispiel die unkontrollierte Massenzuwanderung nach Europa und vor allem nach Deutschland human, verstieß aber gegen Rechtsnormen des deutschen Grundgesetzes, gegen die Europaverträge von Maastricht sowie gegen die Abkommen von Dublin und Schengen. Gesetze sind einzuhalten, daran müssen sich auch alle Politiker und die Medien orientieren, ansonsten verlieren sie ihre Wirksamkeit und ihren Sinn.

So sollte bei einer geordneten Zuwanderung die Regierung nach Gesetzeslage bestimmen, welche und wie viele Menschen einreisen dürfen. Dazu bedarf es aber gesetzlicher Rahmenbedingungen auf der Grundlage eines klar definierten Einwanderungsgesetzes und nicht einer überzogenen Willkommenskultur oder einer Willkommenseuphorie einzelner Bürger. Wenn Zuwanderer ohne Ausweisdokument und ohne eine nachgewiesene politische Verfolgung einfach einreisen können, ohne Konsequenzen zu befürchten, vermittelt der Staat den Bürgern die Handlungsunfähigkeit seiner Regierung und ihrer Institutionen. Jeder muss sich bei der Einreise grundsätzlich ausweisen können. Mehr zu diesem Thema im Kapitel »Zuwanderung und Integration«.

In einer Diktatur werden ohne Wenn und Aber die Regeln und Gesetze aus Angst vor Repressalien beachtet und eingehalten. In einer Demokratie müssen stattdessen die Regeln und Gesetze klar und deutlich definiert sein, die die Toleranzgrenzen nach Gesetzeslage aufzeigen. Ihre Respektierung sollte durch eine starke Justiz untermauert sein, damit die Sicherheit des Staates, seiner Bürger und der innere Frieden in der Gesellschaft gewahrt bleiben. In Deutschland hat sich die Politik in vielen Politikfeldern immer weiter vom Bürgerwillen entfernt, was zu einer großen Unzufriedenheit, Politikverdrossenheit, Rechtspopulismus und Ohnmacht der Bürger in unserer Gesellschaft geführt hat.[4] Man muss sich nur wundern, dass die Menschen in Deutschland immer noch die unklare Haltung der Politik, der es zudem an einer Zukunftsstrategie mangelt, mit unendlicher Geduld und Gleichgültigkeit ertragen.

Der Wille der Bürger scheint die Regierenden wenig zu interessieren und bei den Regierenden auch nicht mehr gefragt zu sein. Der Zuspruch zur Demokratie sinkt dadurch auch in Deutschland weiter ab, vor allem in den ostdeutschen Bundesländern. Hat sich die Demokratie überlebt, weil sie durch eine zu weit gefasste Toleranzgrenze schwach und reformbedürftig geworden ist? Oder sind eine falsche Einstellung und falsches Handeln der gewählten Politiker die Ursache? In dieser Situation käme den Medien ein besonderer Informationsauftrag zu, darauf hinzuweisen und beispielsweise auch die Bürger über neue Parteien und deren Ziele zu informieren. Dies wäre für eine demokratische Willensbildung der Bürger von größter Wichtigkeit, denn die Wähler könnten so entscheiden, welche Denk- und Sichtweise der Parteien ihnen besser zusagt.

Doch leider werden diese Informationen dem Bürger und Wähler vorenthalten, die jedoch für eine mündige Gesellschaft und deren Willensbildung von außerordentlicher Bedeutung wären.

Heute orientiert sich die Politik mehr an den Interessen der Eliten und deren Denkweise, weil sie selbst Teil dieser Eliten geworden ist.[5] Aber wissen es die Eliten wirklich besser, oder bestimmen die Machtinteressen der Konzerne und ihre Lobbyisten in ihrem eigenen Interesse, was richtig oder

---

[4] Vgl. Süddeutsche Zeitung: Die Eliten haben sich immer mehr von der Bevölkerung entfernt, 13. August 2018.
[5] Vgl. Hartmann, Michael: Die Abgehobenen: Wie die Eliten die Demokratie gefährden, Campus-Verlag, 2018.

falsch ist? Immer mehr Menschen trauen sich nicht mehr in der Öffentlichkeit ihre Meinung zu sagen, weil sie Angst haben, mit ihrer Meinung außerhalb der gesellschaftlichen Akzeptanz gestellt zu werden. Nach einer Allensbach-Umfrage von 2019 sagen 80 Prozent der Bürger, dass man zu bestimmten Themen wie etwa der Zuwanderung seine Meinung in der Öffentlichkeit nicht frei aussprechen kann. Als Tabuthema gelten die Flüchtlinge und der Islam. Ein Thema, das die Menschen in Deutschland und Europa zutiefst berührt. Sie wünschen sich mehr Konsequenzen bei der Kontrolle der Zuwanderung und Abschiebung abgelehnter Asylbewerber.[6]

Schlimmer noch ist es in Deutschland, eine vom Medien-Mainstream[7] abweichende patriotische oder konservativ rechte Denkweise zu haben, obwohl noch vor einigen Jahren eine solch konservative Politik rechts von der Mitte als wünschenswert angesehen wurde, um damit die rechte Mitte genauso wie die linke Mitte in den politischen Entscheidungsprozess mit einzubinden. Damit ist nicht eine rechtsextreme und nationalistische Politik gemeint, sondern konservativ im Sinne von Bewahren traditioneller Werte, die das Bewährte gegen einen zweifelhaften Fortschritt schützen wollen. Man sollte das Bewährte erst dann durch Neues ersetzen, wenn man etwas Besseres an dessen Stelle setzen kann.

Den Menschen fehlt es zunehmend an politischer Orientierung. Nichtwähler, Politikverdrossene und Unzufriedene mit der aktuellen Politik stellen mittlerweile mehr als die Hälfte der Wahlberechtigten. Sie fühlen sich durch die etablierten Parteien nicht mehr vertreten und wenden sich von der Politik ab. Nach ihrem Demokratieverständnis dienen die Politiker, Parteien und Medien schon lange nicht mehr dem Volk

---

[6] Vgl. FAZ, Allensbach-Umfrage: Immer mehr Tabuthemen, 22.5.2019.
[7] Vgl. Krüger, Uwe: Mainstream: Warum wir den Medien nicht mehr trauen, C. H. Beck Verlag, 2016.

als Souverän, sondern erweisen sich auch hier immer mehr als Ausführungsorgane der Machteliten.

Dieser Trend ist auch erkennbar an der seit den 70er Jahren stetig abnehmenden Wahlbeteiligung bei Bundestagswahlen sowie an der Erosion der ehemals großen Volksparteien.

So ist es schon erstaunlich, dass trotz wachsender Unzufriedenheit mit der Regierungsarbeit viele Wähler in Deutschland durch Mangel an Informationen immer wieder Politiker wählen, die gegen ihre Interessen regieren. Möglicherweise lässt sich das mit der Alternativlosigkeit des Parteienangebots begründen oder mit dem Desinteresse und der Gleichgültigkeit vieler Wähler. Auch in anderen substantiellen Fragen, wie etwa der Innen- und Außenpolitik, wird eine eher einseitige regierungsfreundliche Darstellung präsentiert. Dies gilt im Besonderen sowohl für die chaotische, unkontrollierte Massenzuwanderung von 2015 als auch für eine Europapolitik, bei der weder demokratische Mehrheitsentscheidungen noch ein schlüssiges und tragbares Konzept für ein vereintes Europa zu erkennen sind. Insbesondere im europäischen Staatenverbund fehlt es den Bürgern an klar erkennbaren Zuständigkeiten zwischen Mitgliedstaaten und dem übergeordneten Brüsseler Entscheidungszentrum, das in Zivil- und Handelssachen nationales Recht verdrängt.

Werden die Medien ihrem Informationsauftrag noch gerecht und können sie dem Bürger als Kontrollinstanz der Politik und Wirtschaft dienen? Ist eine Kontrolle der Politik durch die Medien überhaupt noch möglich, wenn Politiker in die mächtigen Kontrollgremien der Sender berufen werden, in die Rundfunk- und Verwaltungsräte oder hohe Posten bei den Öffentlich-Rechtlichen erhalten? Da stellt sich die Frage, wer kontrolliert wen? Auch fällt es demnach schwer, von einer unabhängigen Presse zu sprechen, wie sie das Grundgesetz fordert. Diese Verflechtung von Politik und Medien erschwert den kritischen Blick auf die reale Sachlage mancher Berichterstattung. So verlieren Medien und Politik weiter an Glaubwürdigkeit und Vertrauen.

Die Medien erwecken mit dem Anspruch einer »politischen Korrektheit« immer mehr den Anschein einer höfischen Berichterstattung und entfernen sich spürbar von ihrem neutralen Informations- und Bildungsauftrag.[8] Dabei sollten sie doch dem Leitspruch von Ferdinand Lassalle[9] folgen, der sagte, »es ist und bleibt immer die revolutionärste Tat, laut zu sagen, was ist«.

Politik und Medien beeinflussen sich gegenseitig und profitieren voneinander. Die Medien bestimmen, über welche Themen und in welcher Form über sie berichtet wird. Und wer die Medien beherrscht, beherrscht auch die Meinung der Massen.

In diesem Szenario verbinden sich subjektive Machtinteressen von Politik und Märkten mit den Medien und bilden so den Mainstream als vorherrschende Meinung. Sie beeinflussen damit die Menschen durch ihre unkritische und angepasste Art der Information und vermitteln entsprechend eine anscheinend ehrliche und objektive Darstellung, die jedoch nicht der Realität entspricht.

Wer glaubt, durch die Medien wahrheitsgemäß, unparteiisch, objektiv und umfassend informiert zu werden, ist entweder naiv oder ein Träumer. Die Menschen sind offensichtlich nicht mehr in der Lage, zu beurteilen, was richtig oder falsch ist.

Eine einseitige Berichterstattung der Medien führt zu falscher Sichtweise und zu falschem Verständnis der realen Sachlage. Ein unabhängiger Journalismus sollte jedoch den Anspruch haben, eine freie Meinungsbildung der Bürger zu ermöglichen.

---

[8] Vgl. Bundeszentrale für politische Bildung (bpb): Funktionen der Medien in einer demokratischen Gesellschaft I und II, 2016.
[9] Lasalle, Ferdinand (1825–1864). Politiker und Schriftsteller.

Der Journalist Gabor Steingart[10] betont in seinem Podcast »Morning Briefing«, das Problem des Journalismus seien »nicht die kritischen Journalisten«, sondern »die harmlosen«.

Demokratie lebt von der Vielfalt der Meinungen und nicht von einer gleichgeschalteten kollektiven Einheitsmeinung. Letzteres würde gleichermaßen das Ende der Demokratie bedeuten.

---

[10] Steingart, Gabor (geb. 1962), ist ein deutscher Journalist, Autor und Medienmanager.

Ist Demokratie noch zeitgemäß?

Das Wort »Demokratie« stammt aus dem antiken Griechenland und bedeutet »Herrschaft des Volkes«. Im demokratischen Herrschaftssystem ist also der Souverän, das Volk, der Träger der Staatsgewalt. Typische Merkmale einer Demokratie sind freie und geheime Wahlen, das Mehrheitsprinzip und Respektierung politischer Opposition, die Gewaltenteilung in Legislative, Exekutive und Judikative sowie die Achtung der Menschenrechte und Pressefreiheit. Sie sind in der Regel in der Verfassung des jeweiligen Staates schriftlich niedergelegt.

Die Demokratie ist inzwischen ein Sammelbegriff für moderne Lebensformen geworden. So zählen heute neben direkten Demokratien, in denen das Volk direkt entscheiden kann, die parlamentarischen Demokratien und parlamentarische Monarchien zu den demokratischen Staats- und Regierungsformen, in denen das Parlament für die Bürger entscheidet.

Demokratie ist wünschenswert, wird aber überall anders definiert und somit auch nach Belieben missbraucht. Ein Beispiel war die Deutsche Demokratische Republik, die DDR. Gegenwärtig wollen fast alle Staaten der Welt demokratisch sein und viele tragen die Bezeichnung Demokratie in ihrem Staatsnamen, ohne aber wichtige Elemente der Demokratie in der Gesellschaft verwirklicht zu haben.

Selbst in den westlichen »demokratischen Staaten« muss die Frage erlaubt sein, ob in den parlamentarischen Demokratien auch wirklich der Wille des Volkes und damit der eigentliche Demokratiegedanke umgesetzt wird. In der Realität ist nämlich die Macht des Volkes und seiner Wähler meist sehr begrenzt, denn ihr stehen derzeitig die Machtinteressen des neoliberalen Kapitalismus mit einer enormen Kapital- und Machtkonzentration gegenüber.

Diese Machteliten verfolgen ihre eigenen Interessen, die meist dem Demokratiegedanken entgegenstehen. Wo sich Macht konzentriert, ist das Missbrauchspotenzial entsprechend hoch. Auch bei uns in Deutschland können sich die gewählten Abgeordneten als Entscheidungsträger nur schwer ihrem Einfluss entziehen. Bei den Bürgern entsteht der Eindruck, dass diejenigen, die entscheiden, nicht gewählt sind und dass diejenigen, die gewählt sind, nur wenig zu entscheiden haben.[11] In unserer parlamentarischen Demokratie wählen wir Volksvertreter, die als Parlament die politischen Interessen der Bürger vertreten sollen. Dabei wäre im Zeitalter der Digitalisierung auch eine Direktwahl mit einem anderen Wahlsystem möglich.[12] Demokratie und die Durchsetzung des demokratischen Gedankens setzt jedoch Vernunft, Wissen und eine umfassende Information des Volkes voraus. Dabei stellt sich die Frage, in welchem Umfang die Medien frei und unabhängig organisiert sind, die den Bürger umfassend und objektiv informieren sollen. Denn das ist die Voraussetzung für eine funktionierende Demokratie. Gibt es überhaupt eine Gesellschaft mündiger Bürger oder ist die Vorstellung einer mündigen Gesellschaft nur eine Utopie?

Der einflussreiche amerikanische Journalist Walter Lippmann zweifelte an der Vorstellung des mündigen Bürgers und fand die Lösung in einer Elitendemokratie, die er als die bessere Lösung für eine moderne Industriegesellschaft ansah.[13]

---

[11] Vgl. Seehofer, Horst (CSU) im Interview mit Erwin Pelzig in der Sendung »Pelzig unterhält sich«, 20.5.2010.
[12] Vgl. Jahn, Thilo: Demokratie digital – Aktiv für Volksabstimmungen per App, in Deutschlandfunk, 26.1.2015.
[13] Vgl. Lippmann, Walter: The Phantom Public, 1925.

Das Leitbild des mündigen Bürgers sei eine Phantomvorstellung. Die breite Öffentlichkeit habe weder Wissen noch Interesse an der Politik und sei gekennzeichnet durch Ignoranz, Apathie und Vorurteile.

Diese Attribute sind leider tatsächlich in unserer Gesellschaft weit verbreitet und das Wissen über das politische System und seine politischen Institutionen unseres Staates ist nicht sehr ausgeprägt. Daher sind auch das Demokratieverständnis und die politische Mitarbeit der Menschen entsprechend gering. Unsere heutige Gesellschaftsordnung entspricht auch in etwa der von Walter Lippmann favorisierten Elitendemokratie.

Der Bürgerwille, der in der Demokratie die Richtlinien der Politik bestimmen soll, wird mehr und mehr von einflussreichen Interessengruppen durch andere politische Ziele ersetzt. Ist das noch die Demokratie, die uns das Grundgesetz vermittelt, in der die Staatsgewalt durch Wahlen vom Volk ausgeht und vom Parlament umgesetzt wird oder ist diese »demokratische Mehrheitsmeinung« letztlich die Meinung einer manipulierten Gesellschaft? Ist die Gesellschaft nicht mehr in der Lage, eine eigene demokratische Denkweise für eine gerechtere Politik zu entwickeln, oder wurde diese Denkweise durch die Leitmedien so beeinflusst, dass eine differenzierte Denk- und Sichtweise kaum noch erkennbar ist? Dann haben die Medien im Sinn der Regierenden ganze Arbeit geleistet und dem Bürger das Denken abgenommen. Dabei sollte doch der große Vorzug der Demokratie im Anhören der Andersdenkenden liegen.

Glaubt man den Meinungsumfragen der Demoskopen, unterscheiden sich die Entscheidungen der Eliten nicht wesentlich von vergleichbaren Meinungsumfragen der Bevölkerung. Kaum zu glauben, dass sich die Anliegen und Forderungen der Bürger nicht stärker von denen der Machteliten unterscheiden, obwohl die Interessen doch so verschieden sind. Das wäre nicht gerade ein Indiz für den Ideenreichtum unserer Gesellschaft. In jedem Fall sollte in einer demokratischen Gesellschaftsordnung der Souverän, also das Volk und dessen Willen, die Politik bestimmen. Schon alleine, weil bei Fehlentscheidungen der Politiker immer der Bürger als Steuerzahler die »Zeche zahlt«. Aber auch wegen der einseitigen Einflussnahme bestimmter Machtinteressen der Kapitaleliten auf die politischen Entscheidungsträger, die allzu oft eine Politik zu Gunsten der Konzerne und Finanzkartelle betreiben. So wächst auch in Deutschland die Zahl der Unzufriedenen mit dem Funktionieren der Demokratie. Viele Menschen sehnen sich in einer sich immer schneller verändernden Welt nach einer starken Führungspersönlichkeit, die ihnen Orientierung und Halt gibt. Oder ist es der Wunsch nach einem gesellschaftspolitischen Leitbild, das ihnen diese Orientierung und Sicherheit vermittelt und in dem sich ihre ethisch-moralischen Werte wiederfinden? Man sollte dem Gefühl und der Stimmung der Menschen eine Sprache geben, denn die Verunsicherung ist omnipräsent.

Eine öffentliche Meinung, die sich einst durch Gespräche in der Gesellschaft herausbildete, scheint sich in Einzelmeinungen aufgelöst zu haben.[14] Jeder stimmt sich heute in seiner eigenen kleinen Welt innerhalb der sozialen Medien ab, was in der Gesellschaft zu einem Kommunikationsdefizit führt und die Bildung einer allgemeinen öffentlichen Meinung verhindert. So fällt es den Menschen in der modernen Demokratie immer schwerer, sich angesichts der Vielfalt der Informationen noch Orientierung zu verschaffen. Aber Demokratie setzt letztendlich eine aufgeklärte, mündige Gesellschaft voraus. Mit wachsendem Trend sind jedoch die Demokratien der Welt vom egoistischen Machtstreben nationalistischer Machthaber bedroht.

---

[14] Vgl. Menasse, Eva: Vom Verschwinden der Öffentlichkeit, Deutschlandfunk, 18.8.2019.

Auch in unserer westlichen Welt ist die Perversion einer Politik festzustellen, die anderen Staaten ihre Art von Demokratie aufdrängen möchte, was einer »Bekehrung« von nicht demokratischen Staaten gleicht. Diese Art von Demokratisierung ist falsch und unehrlich, weil sie fast immer von geopolitischen Machtinteressen geleitet wird. Ein demokratisches Regierungssystem ist hier vor allem deshalb gewünscht, weil es sich von den Machtinteressen der Großmächte leichter beeinflussen und in ihre Strategien integrieren lässt. Diktaturen wiederum verfolgen ihre eigenen Machtinteressen.

Wenn man sich die lange Zeit der Entwicklung der Demokratie in Europa von den Anfängen im antiken Griechenland bis heute vor Augen führt, kann man ermessen, wie lange wir in Europa gebraucht haben, um von einer gewachsenen Demokratie zu sprechen. Demokratie kann man einem Staat nicht durch Krieg oder politischen Druck aufzwingen. Die Unkenntnis der meisten westlichen Politiker der arabischen Kulturen zeigte sich am deutlichsten am Arabischen Frühling[15]. Als Weltenbummler bereiste ich viele arabische Staaten in Vorderasien und Nordafrika. Kenner der arabischen Kultur wussten, dass es nach dem Arabischen Frühling ein böses Erwachen geben und das große Chaos ausbrechen würde. Nur unsere westlichen Politiker nicht. Ich erinnere mich oft an ein Gespräch mit einer Marokkanerin in Marrakesch im Jahr 1970, die mir ihr korruptes System zu erklären versuchte. Ihre Aussage: »Zugegeben, unser Gesellschaftssystem ist korrupt und ist nicht gut, aber es funktioniert. Jeder lebt von jedem, auch mit unfairen Mitteln und Korruption. Aber es funktioniert so. Wenn ihr Deutschen aber glaubt, das System ändern und Demokratie einführen zu wollen, dann irrt ihr euch. Dann kommt nicht Demokratie, sondern das große Chaos.« Wie recht

---

[15] Als Arabischer Frühling wird eine im Dezember 2010 beginnende Serie von Protesten, Aufständen und Revolutionen in der arabischen Welt bezeichnet.

sie hatte, wenn ich an den Arabischen Frühling denke. Es ist die Perversion einer Politik, die Menschenrechte und Demokratie predigt, aber in der Realität nur Kriege, Zerstörung und Chaos hinterlässt, weil sie nur die eigenen Machtinteressen im Blick hat und damit der Weltgemeinschaft nicht dienlich ist. Dass sich das westliche Verteidigungsbündnis NATO als Handlanger einer solchen Politik einbinden ließ, ist eine weitere bittere Erkenntnis, und dass dabei die Medien in Deutschland von einem »Arabischen Frühling« sprachen, war schon bemerkenswert, wenn man bedenkt, was die westliche Politik in der arabischen Welt angerichtet hat. Trotz allem gab es keinen Aufschrei, kaum Widerspruch, alles bestens!

Viele Millionen Menschen wünschen sich Demokratie und Mitgestaltung in ihren Ländern. In Deutschland hingegen nimmt die Akzeptanz der Demokratie ab.[16] Die Zahl derer, die eine andere Staatsform besser fänden, hat sich laut Statistischem Bundesamt zwischen 2000 und 2005 fast verdoppelt. Die Euphorie von 1989 ist verflogen und die Zweifel an den Vorzügen der Demokratie wachsen. Eine besorgniserregende Entwicklung, denn wenn sich die Bürger von der Politik abwenden, kann man davon ausgehen, dass das System undemokratische Züge angenommen hat und dringender Reformen bedarf.

Der immer stärker werdende Einfluss von Kapitalinteressen auf die Wirtschaftspolitik und damit auch auf das gesamte politische System wirkt sich negativ auf die Demokratie aus. So mahnen viele Experten angesichts der Fehlentwicklung in unserem Wirtschaftssystem zum Umdenken und fordern dringende Reformen, um einem Kollaps des Systems zu entgehen. Die Regierung, die etablierten Parteien und ihre Politiker halten jedoch weiterhin an ihrem Kurs und an der bestehenden Wirtschaftsordnung fest, weil sie sich dem westlich-

---

[16] Vgl. Friedrich-Ebert-Stiftung: Mehrheit der Deutschen ist demokratieverdrossen, in Zeit Online, 13.8.2019.

amerikanischen wirtschaftspolitischen System verbunden fühlen. Kritik und Veränderung sind nicht gewünscht, da dies eine Abkehr von diesem neoliberalen kapitalistischen System von Amerikas Gnaden bedeuten würde. Alles, was nicht in diese ideologische Denkweise passt, wird als unvernünftig, extremistisch, rechts, links oder populistisch angesehen. Hier scheinen die Interessen gewählter Politiker und der Gesellschaft auseinanderzugehen. Diese Entwicklung wirkt sich negativ auf die Gesellschaft und die Demokratie aus, weil damit eine demokratische Diskussion auf breiter Basis verhindert wird. Der Journalismus als Kontrollinstanz eines demokratischen Systems versagt in Deutschland zusehends mehr, weil diejenigen, die anders denken, als es die Leitmedien vorgeben, kritisiert, diffamiert und aus der demokratischen Mitbestimmung ausgegrenzt werden. Mit einer demokratischen Denkweise hat das wenig zu tun. Statt Meinungsvielfalt vermitteln die Medien von oben vorgefertigte, angepasste Informationen und Meinungsbilder, die bei vielen Menschen wie eine Droge wirken. Die veröffentlichte Meinung sollte sich daher wieder stärker an der öffentlichen Meinung orientieren, um nicht weiter an Glaubwürdigkeit zu verlieren.[17]

Statt sich eine eigene Meinung zu bilden und ihre eigenen Interessen durchzusetzen, wird die Zahl der Menschen immer größer, die alles mit Gleichgültigkeit hinnehmen. Ihnen scheint alles richtig, recht oder egal zu sein. Es genügt ihnen, alle vier bis fünf Jahre ihr »Kreuzchen« auf dem Wahlzettel unter die Partei oder die Kandidaten zu setzen, die ihnen die Parteien präsentieren. Damit haben sie dann wiederum die gleichen ungeliebten Politiker gewählt, die sie schon vorher hatten.

Mit dieser Konstellation, in der vorgefertigte Meinungen der Parteivorstände, durch Marionetten ohne eigene Meinung,

---

[17] Vgl. Schulz, Winfried: Massenmedien und Realität, SpringerLink, 1989.

in den Medien veröffentlicht werden, richtet man die Demokratie zu Grunde. Zum andern klingen noch die Worte von Kurt Tucholsky[18] in den Ohren, der meinte: »Wenn Wahlen etwas ändern würden, wären sie verboten.«

Das Wertesystem eines Staates setzt jedoch eine politische Meinung seiner Bürger voraus. Die Menschen sollten daher die politischen Strukturen des Staates verstehen und mitgestalten können. Mit der Europäischen Union sind für die Bürger die demokratischen Strukturen jedoch durch das Brüsseler Entscheidungszentrum und weitere übergeordnete supranationale Verantwortlichkeiten der Europäischen Union noch unübersichtlicher geworden, weil viele Entscheidungen der europäischen Nationalstaaten zunehmend in ihrer Verantwortlichkeit nach Brüssel, Luxemburg oder Straßburg verlagert wurden. Für die Menschen bedeutet das einen weiteren Verlust an Einflussnahme und damit auch einen weiteren Demokratieverlust. Sie fühlen sich in ihrer nationalen Zugehörigkeit zunehmend weniger gefragt und von der Brüsseler Bürokratie bevormundet. Es braucht nicht nur ein Europa der Märkte, sondern vielmehr ein Europa der Menschen.

Ist die Demokratie in der jetzigen Form noch erstrebenswert? Ob Demokratie wünschenswert ist oder nicht, muss jeder Staat und sein Wahlvolk selbst entscheiden. Vor- und Nachteile der Demokratie zeigen ein gemischtes Bild. Wenn auch die Vorteile zu überwiegen scheinen, sind große Schwächen in den langwierigen Meinungsbildungs- und Entscheidungsprozessen sowie in ihrer Umsetzung festzustellen. Effizienz und Effektivität zusammenzubringen, scheint in der Demokratie wesentlich schwieriger zu sein als in anderen Regierungsformen. Hinzu kommt eine zu weit gefasste Toleranzgrenze. Gerade in der Demokratie sind starke oder gar strenge Regeln und Gesetze erforderlich, um diese Toleranzgrenzen deutlich

---

[18] Tucholsky, Kurt (1890–1935), war ein deutscher Journalist und Schriftsteller.

zu machen. Dazu gehört natürlich eine starke Judikative, die diese Gesetze untermauert.

Trotz ihrer Schwächen ist die Demokratie immer noch das bessere Herrschafts- oder Regierungssystem und es liegt an den Bürgern, für mehr Demokratie, deren Erhalt und Ausbau sowie die Stärkung der demokratischen Strukturen im Sinne einer lebenswerten Zukunft in Deutschland und Europa einzutreten.

Neue Soziale Marktwirtschaft (NSM) – die bessere Wirtschaftsordnung

Es ist kaum zu glauben, aber wahr! Wir haben es über die Jahrzehnte geschafft, ein erfolgreiches Wirtschaftssystem wie die soziale Marktwirtschaft, als gut funktionierende Wirtschaftsordnung, auf dem Altar des westlichen Kapitalismus zu opfern und gegen eine neoliberale, kapitalistische Wirtschaftsordnung einzutauschen. So wurde hinter einer demokratischen Fassade im Laufe dieser Zeit ein höchst undemokratisches System installiert, das sich immer mehr von dem Grundgedanken eines sozialen Bundesstaates nach Artikel 20 Absatz 1 des Grundgesetzes verabschiedete und neue einseitige Akzente setzte. »Gewinnmaximierung« wird dabei immer größer geschrieben und »sozial« immer kleiner. Ein Wirtschaftssystem westlicher neoliberaler kapitalistischer Prägung, das nur ein Ziel hat: Reichtum und Macht umzuverteilen und die Macht der Kapitaleliten zu stärken. Angetrieben von Egoismus und der Gier nach mehr Macht bedienen sich diese Kapitaleliten wirtschaftsfremder Politiker, die meist weder Sachkenntnisse noch Erfahrungen aus der realen Arbeitswelt haben, um ihre eigenen Ziele zu erreichen. »Man kann die Wut und den Zorn junger Menschen verstehen, die in einem Wirtschaftssystem leben müssen, das ausschließlich und alleine den Kapitalinteressen und der Bereicherung der Wirtschafts- und Finanzeliten dient«, so formulierte es einst Heiner Geißler[19] in einem Interview mit Maybrit Illner. »Dieses Wirtschaftssystem ist

---

[19] Geißler, Heiner, ehemaliger Generalsekretär der CDU, im Talk mit Maybrit Illner, 2016.

ungerecht, undemokratisch und hat nur zum Ziel, Reichtum und Macht von unten nach oben zu verteilen.« Es macht Millionäre zu Milliardären und damit einen immer größeren Teil der Gesellschaft zu Verlierern dieses Systems. Ein solch unsoziales kapitalistisches Wirtschaftssystem neoliberaler Prägung passt nicht mehr in ein zukunftsorientiertes Weltbild, weil es als rein gewinnorientiertes System weder Solidarität noch Versorgungsdenken kennt. Von Ethik und Moral ganz zu schweigen. Dieses kapitalistische Wirtschaftssystem dient ausschließlich dem Profitdenken der Finanzkartelle und Großkonzerne. Es teilt die Welt in Arm und Reich und sollte schnellstens wieder durch eine sozialere und gerechtere Wirtschaftsordnung ersetzt werden.

Dazu bietet sich eine Neue Soziale Marktwirtschaft mit einem gerechteren Steuer- und Rentensystem als die bessere Wirtschaftsordnung geradezu an. Sie passt zu einem demokratischen Staatswesen und trägt zur Harmonisierung der Gesellschaft bei. Seit Jahren ist offensichtlich, dass die Demokratie im derzeitigen System ruiniert wird und die Wirtschaft sich aus der sozialen Verantwortung zieht. Die Gewinne werden privatisiert und die Verluste sozialisiert.

Es gibt viele kluge Leute, die die Fehler des neoliberalen Kapitalismus und die Abhängigkeit der Politik vom Glauben an ständiges Wachstum und Profit erkennen und kritisieren. Die ökologischen Auswirkungen auf die Umwelt und die Menschen finden in diesem System nur wenig Beachtung. Trotzdem wird den Menschen von ihren an das System angepassten Politikern suggeriert, sie hätten Demokratie und soziale Marktwirtschaft, obwohl sie beides in großen Teilen, vor allen Dingen letztere, längst verloren haben.

Auf der KSZE-Konferenz[20] von 1994 wurden auch die

---

[20] Die Konferenz über Sicherheit und Zusammenarbeit in Europa (KSZE) wurde 1973 als Gesprächsforum ost- und westeuropäischer Staaten, Kanadas und der USA gegründet.

Weichen für die künftige Wirtschafts- und Sozialpolitik gestellt. Soziale Marktwirtschaft war aus amerikanischer Sicht neuer Kommunismus. Eine absurde Haltung der führenden Wirtschaftsmacht USA, die auf der Unkenntnis dieser Wirtschaftsordnung beruhte. Dieser Einfluss Amerikas war ein weiterer Rückschlag für diese Wirtschaftsordnung, die sich in Deutschland so hervorragend bewährt hatte. Die Geschichte ihres Untergangs ist die Folge der neoliberalen Globalisierungspolitik und der Bereitschaft der deutschen Politiker, die soziale Marktwirtschaft gegen ein radikalkapitalistisches System einzutauschen.

»Shareholder Value« war das neue Zauberwort der Wirtschaftspolitik. Als Shareholder Value wird in der Ökonomie der Marktwert des Eigenkapitals von Unternehmen bezeichnet. Er entspricht dem Unternehmenswert, gemessen am notierten Kurswert der Aktien der Unternehmen.[21] Diesem Benchmark wurden nunmehr alle ökonomischen Unternehmensentscheidungen untergeordnet und das Hauptaugenmerk der Unternehmensstrategie wurde auf Gewinne statt auf sozialen Ausgleich gelegt.

Für mich als Anhänger einer Wirtschaftspolitik mit sozialer Verantwortung der Wirtschaft für Gesellschaft und die arbeitenden Menschen in Deutschland ist eine »Neue Soziale Marktwirtschaft« mit einem gerechteren Steuer- und Rentensystem ein zentrales Thema und eine Herzensangelegenheit.

Darum möchte ich an dieser Stelle auf die unterschiedlichen Ideologien eingehen.

Jede Volkswirtschaft hat die Aufgabe, in der Gesellschafts- und Wirtschaftsordnung des Staates je nach Konjunkturlage nach ökonomischen Gesichtspunkten zu handeln, damit volks-

---

[21] Quelle: Wikipedia, Shareholder Value.

wirtschaftlich sinnvolle Entscheidungen getroffen werden können. Hierzu sind Regeln und Gesetze des Staates durch seine politischen Organe unabdingbar. Egal ob es sich dabei um Kommunismus, Kapitalismus oder um die soziale Marktwirtschaft handelt. In allen Ideologien ist es die wichtigste Aufgabe des Staates, dem wirtschaftlichen Handeln einen gesetzlichen Rahmen zu geben. Dabei stellt sich die Frage nach der Verhältnismäßigkeit von Staat und Wirtschaft, die sich in den drei Ideologien merklich unterscheidet.

Im kommunistischen Gesellschafts- und Wirtschaftssystem mit staatlich verordneter Planwirtschaft erfolgt die Regulierung und Lenkung der Wirtschaft durch den Staat. Die ökonomischen Prozesse werden in diesem Wirtschaftssystem für einen bestimmten Zeitraum von einer Zentralverwaltung gesteuert und überwacht. Das Ergebnis ist zu viel staatliche Regulierung. Zudem fehlt der Anreiz der Kapitalmehrung, da es im kommunistischen System kein Privateigentum gibt. In jüngster Zeit, seit dem Zusammenbruch der Sowjetunion, sind die meisten kommunistischen Staaten im Wandel begriffen und öffnen sich dem Besitz von Privateigentum.

Im Gegensatz dazu steht das kapitalistische Wirtschaftssystem mit einer freien Marktwirtschaft und möglichst wenig Regulierung durch den Staat. In dieser Ideologie geht es in erster Linie um Profite und Macht. Während wenige Superreiche riesige Vermögen anhäufen, sinken große Teile der Gesellschaft in die Armut. Dieses System teilt die Gesellschaft in Arm und Reich. Im Konkurrenzkampf der Unternehmen führen dieselben ungleichen Bedingungen zu Übernahmen kleinerer und mittlerer Unternehmen und zu deren Vernichtung durch die Großkonzerne. Eine Wirtschaftsordnung, die durch Kapitalakkumulation die Anhäufung von Vermögenswerten in kaum vorstellbaren Größenordnungen zulässt und damit ein riesiges Verteilungsproblem schafft. Es ist die herrschende Ideologie unserer Zeit, die die Welt wie ein Krake umspannt und sie zu verschlingen scheint. Haben die Staaten die Kontrolle über dieses System verloren? Nichts scheint diese Ideologie aufhalten zu können, oder doch? Wahrscheinlich wird der Glaube an ein unendliches Wachstum, das sich letztlich nur in den Händen weniger Superreicher vereint, dieses System zerstören.

Schon 1972 warnte der »Club of Rome«[22] vor einem unaufhaltsamen Wachstum, das letztlich die Menschheit bedroht. Bevor das derzeitige Wirtschaftssystem als Wachstumsmodell mit unbegrenzter Wachstumsperspektive zu kollabieren droht, sollte jetzt über eine Veränderung dieses Systems in eine Wirtschaftsordnung mit einer besseren und gerechteren Umverteilung der Vermögen nachgedacht werden.

Die soziale Marktwirtschaft ist der dritte Weg zwischen »uneingeschränktem« Kapitalismus und Kommunismus.
Eine Wirtschaftsordnung, die nach dem kapitalistischen System ausgerichtet ist, jedoch auch von der Wirtschaft eine soziale Mitverantwortung für die Gesellschaft fordert.

Der Begriff »soziale Marktwirtschaft« hat bis heute für Diskussionen über die Definition dieser Wirtschaftsordnung gesorgt, da diese Ideologie, anders als Kommunismus und Kapitalismus, die in Konkurrenz gegenüber stehen, Elemente beider Ideologien, die für eine gerechtere und soziale Wirtschaftsordnung nötig sind, in sich vereinigt. Eine klare Abgrenzung zu den beiden anderen Ideologien ist daher nicht möglich, da der Staat die Regeln und Gesetze nach ökonomischen und sozialen Gesichtspunkten bestimmen und gegebenenfalls nach der jeweiligen Lage ändern muss.

---

[22] Der Club of Rome ist ein Zusammenschluss von Experten verschiedener Disziplinen aus mehr als 30 Ländern und wurde 1968 gegründet. Die gemeinnützige Organisation setzt sich für eine nachhaltige Zukunft der Menschheit ein.

Die soziale Marktwirtschaft wurde von Alfred Müller-Armack[23] konzipiert und von Ludwig Erhard[24] als Wirtschaftsminister in der neuen Regierung unter Konrad Adenauer[25] 1949 in Deutschland eingeführt.

Die Väter der sozialen Marktwirtschaft

Das Ziel dieser Wirtschaftsordnung war, mit wirtschaftlichem Handeln Wachstum und Wohlstand in sozialer Verantwortung für die Gesellschaft zu erreichen. Der Staat und seine politischen Organe haben dabei die Aufgabe, für eine Politik der Balance zwischen Kapital und sozialer Gerechtigkeit zu sorgen. Diese soziale Komponente ist der Tribut des Kapitals an den Staat, zu dem es gehört. In der heutigen globalisierten Welt ist diese Zuordnung aber ein Problem. Die Kernidee war, eine Wirtschaftsordnung zu etablieren, die einerseits einen freien Markt, andererseits einen angemessenen sozialen

---
[23] Müller-Armack, Alfred (1901–1978), deutscher Nationalökonom und Kultursoziologe; Urheber des Begriffs und Mitbegründer der sozialen Marktwirtschaft.
[24] Erhard, Ludwig (1897–1977), war von 1949 bis 1963 Bundesminister für Wirtschaft und von 1963 bis 1966 Bundeskanzler der BRD. Er gilt als Vater des »deutschen Wirtschaftswunders«.
[25] Adenauer, Konrad (1876–1967), war von 1949 bis 1963 Bundeskanzler der BRD.

Ausgleich für seine Angestellten und Arbeiter garantiert. Der Staat muss hierfür die Rahmenbedingungen und die Regeln bestimmen. Er sollte auch nur in das Marktgeschehen eingreifen, wenn ein Fehlverhalten des Marktes vorliegt und der Markt unsozial, skrupellos und egoistisch seine Macht missbraucht. Eine gute zukunftsorientierte Wirtschaftsordnung wie die soziale Marktwirtschaft orientiert sich vorrangig an drei Zielen. Sie muss erstens teilhabegerecht, zweitens nachhaltig und drittens generationengerecht sein. Ziele, die sich nach Müller-Armack nur auf der Basis einer Wettbewerbswirtschaft mit wirtschaftlicher Leistung und einem gesicherten sozialen Fortschritt verbinden lassen.

Die Frage nach der politischen Ausrichtung der sozialen Marktwirtschaft ist deshalb so wichtig, weil damit festgelegt wird, wie viel Verantwortung und Verpflichtung die Wirtschaft gegenüber dem Staat und Gesellschaft übernimmt.

Ein stabiles soziales Netz ergibt sich durch diese Ideologie selbst, weil die soziale Komponente Teil dieser Wirtschaftsordnung ist. Dabei ist es wichtig, den sozialen Staat auf die Notwendigkeiten der sozialen Anforderungen zu begrenzen, weil die Finanzierung eines aufgeblähten Sozialstaats immer mehr Steuereinnahmen fordert oder der Staat Schulden machen muss, um alle gewünschten Leistungen zu bezahlen. Aus diesem Grund unterscheide ich hier bewusst zwischen einem sozialen Staat und einem Sozialstaat, weil der Begriff »sozialer Staat« eher die sozialen Notwendigkeiten im Gegensatz zu einem alles umfassenden Sozialstaat beschreibt, der für alle sozialen Fragen zuständig sein will und auch allen Erfordernissen gerecht werden möchte. Ein nicht erfüllbares Wunschdenken einiger Utopisten. Selbst in einer sozialen Wirtschaftsordnung wie der sozialen Marktwirtschaft, in der die Wirtschaft und der Markt in sozialer Verantwortung gegenüber dem Staat und seinen Bürgern stehen, können nicht alle Wünsche der Bürger erfüllt werden.

Die ideale Voraussetzung und Grundlage für die soziale Marktwirtschaft ist das Zusammenwirken mit einer freiheitlichen demokratischen Gesellschaftsordnung, in der das Volk als Souverän die Politik bestimmt. Ein erstrebenswertes Ziel einer mündigen Gesellschaft, das wir auch in Deutschland leider noch nicht erreicht haben. Auch der Demokratiegedanke wird immer häufiger durch eine Politik, die gegen den Willen einer Mehrheit der Bürger gerichtet ist, von den Politikern missachtet. Für die Demokratie und die Politik, aber vor allem für die Menschen, ist es von enormer Wichtigkeit, die Entscheidungshoheit in der Politik wieder an den Bürgerwillen zu koppeln, denn das Volk als Steuerzahler haftet und zahlt IMMER für Fehlentscheidungen, egal wer sie verursacht.

Heute blicken wir voller Wehmut auf die lange Geschichte des Untergangs der sozialen Marktwirtschaft zurück. Sie wurde in über drei Jahrzehnten leise, scheibchenweise dem radikalen Neokapitalismus unter der Überschrift »Globalisierung« geopfert. Ihre tragenden Säulen sichere und dauerhafte Arbeitsplätze, angemessene Entlohnung, Arbeitslosenversicherung, Rentenversicherung, Steuergerechtigkeit usw. wurden dabei immer stärker abgebaut. In der Bezeichnung »soziale Marktwirtschaft« wurde wie schon erwähnt mit der Zeit das Wort »sozial« immer kleiner- und »Marktwirtschaft« immer größer geschrieben.

Wir leben inzwischen in einer Scheindemokratie, in der nicht das Volk, sondern immer mehr die Konzerne und Finanzkartelle die Politik lenken. Es ist nicht zu verstehen, dass die Menschen in Deutschland über Jahrzehnte immer wieder Politiker wählen, die in wichtigen Fragen gegen ihre Interessen regieren und sie glauben machen, sie hätten Demokratie und soziale Marktwirtschaft. Das Establishment und seine Politiker sind anscheinend nicht in der Lage, die Sorgen und Nöte der Bürger und des Mittelstands zu erkennen, weil ihre Sichtweise auf das Wohlergehen der Finanzkartelle, Konzerne und den Export gerichtet ist.

Einst wurden die Rahmenbedingungen für die Wirtschaft von der Politik gesetzt, heute bestimmen mehr und mehr die Märkte den Handelsspielraum der Politik. Das System macht die Reichen zu Superreichen in einem Maße, das für den »Otto Normalverbraucher« unvorstellbar ist. Dafür erleben wir auf der anderen Seite gleichzeitig eine Massenverarmung. Sie ist nichts anderes als die Kehrseite der Medaille. Wer nicht in der glücklichen Lage ist, zu erben, hat in diesem System im Vergleich zur vorherigen Generation weniger Chancen, Vermögen zu schaffen. Eine Neue Soziale Marktwirtschaft, als das bessere und gerechtere Wirtschaftssystem, sollte für Deutschland und Europa das Zukunftsmodell für eine erstrebenswerte Wirtschaftsordnung sein. Europa muss sich früher oder später gezwungenermaßen der Frage nach einem einheitlichen Wirtschaftssystem stellen, denn die unterschiedlichen Wirtschaftsordnungen der Mitgliedstaaten führen zu immer neuen Interessenskonflikten. Die soziale Marktwirtschaft steht sowohl für wirtschaftlichen Erfolg als auch für soziale Stabilität. Auf ein gerechteres Steuer- und Rentensystem werde ich in nachfolgenden Kapiteln detaillierter eingehen und auch Lösungsmöglichkeiten aufzeigen.

Mit einem einheitlichen Wirtschaftssystem könnte Europa von innen wieder erstarken und als Wirtschaftsmacht in einer neuen Weltwirtschaftsordnung wieder Bedeutung erlangen. Deutschland und Europa sollten sich an einer Neuen Sozialen Marktwirtschaft orientieren, denn die Stärke und der Einfluss der Staaten werden nicht nur an der Wirtschaftskraft, sondern auch am Zusammenhalt und Wohlstand ihrer Bürger gemessen.

Zeitenwende in der Parteienlandschaft

Was sind Parteien, warum gibt es sie, was ist ihre Funktion und werden sie dieser auch heute noch gerecht?
Die Bundesrepublik Deutschland ist ein föderalistischer Staat und besteht aus 16 teilsouveränen Bundesländern mit eigenen Landesverfassungen, eigenen politischen Kompetenzen und Institutionen für die Exekutive, Judikative und Legislative. Sie haben ihre eigenen Landesparlamente und ihre eigenen Landesregierungen.
In der föderalen Gliederung der Bundesrepublik Deutschland ist die Macht aufgeteilt. Bund und Länder kontrollieren sich gegenseitig und müssen in ihren jeweils zuständigen Bereichen zusammenarbeiten.
Bei Kompetenzüberschneidungen kommt es immer wieder zu Auseinandersetzungen um die Zuständigkeiten und um die Verteilung der Steuergelder zwischen Bund und Ländern.
Die Verfassungsgeber haben der Bundesrepublik Deutschland als Herrschafts- und Regierungsform ein repräsentatives System gegeben, in dem die demokratisch gewählten Abgeordneten als Repräsentanten das Volk im Parlament vertreten.
Im Gegensatz zur direkten Demokratie, in der die Entscheidungen direkt durch das Volk getroffen werden, sind in der repräsentativen Demokratie die gewählten Volksvertreter als Abgeordnete die Entscheidungsträger im Parlament. Diese Abgeordneten bilden auf Länderebene die Landtage und auf Bundesebene den Bundestag als Parlament der Bundesrepublik Deutschland. Es sind die einzigen deutschen Verfassungs-

Politisches System der Bundesrepublik Deutschland *Quelle: Wikipedia, Politisches System Deutschlands.*

- Bundespräsident [4]
- Bundesversammlung
- gekorene Mitglieder
- Bundeskanzler [3]
- Bundeskabinett
- Bundestag [1]
- Bundesrat [2]
- Bundesverfassungsgericht
- Landtag
- Landeskabinett
- Ministerpräsident
- Landesverfassungsgericht

Bund / Länder [5]

Wahlberechtigte Bürger (ab 18 Jahren)

1. Alle vier Jahre Wahl von Direktmandaten und Parteien
2. Länderkammer. Sitzverteilung abhängig von Bevölkerungsgröße
3. Regierungschef mit Richtlinienkompetenz. Wird vom Bundespräsidenten vorgeschlagen
4. Staatsoberhaupt. „Neutrale Gewalt" – nur im Notstand stärkere Kompetenzen
5. Landesnamen und Namen der einzelnen Organe unterscheiden sich von Land zu Land stark

- Legislative
- Exekutive
- Judikative

→ wählt / ernennt
→ entsendet / ist Mitglied
→ ernennt formal / Vetorecht

38

organe, die direkt vom Volk gewählt und als das Herz der Demokratie bezeichnet werden können.

Fast alle gewählten Abgeordneten des Bundestages gehören einer Partei an, denn in der Bundesrepublik wird die Politik weitgehend von den politischen Parteien bestimmt. Die wichtigsten Aufgaben des Deutschen Bundestages oder des Parlaments sind die Gesetzgebung, die Kontrolle der Regierung, die Festlegung des Bundeshaushalts und die Wahl der Bundeskanzlerin bzw. des Bundeskanzlers.

Die Parlamentarier als Volksvertreter repräsentieren also das Volk.

An dieser Stelle muss die Frage erlaubt sein, ob dieser Anspruch auch der Realität entspricht. Vertreten die gewählten Abgeordneten auch wirklich den Willen der Mehrheit des Volkes?

Das kann man angesichts der derzeitigen Parteienpolitik bezweifeln, denn die Sichtweisen der Vorstände in den großen Parteien scheinen zum Teil deckungsgleich mit den Interessen der Wirtschaftseliten zu sein und nicht mit dem Willen der Bürger. Da sich unsere gewählten Volksvertreter in der Regel linientreu in die Parteiendisziplin einbinden lassen und ihnen die Anliegen der Partei wichtiger zu sein scheinen als die Anliegen ihrer Wähler, geraten die Belange der Bürger und Wähler schnell in Vergessenheit. So ist es nicht verwunderlich, dass angesichts der zunehmenden Politikverdrossenheit und des Glaubwürdigkeitsverlusts der Politiker bei vielen Bürgern Zweifel an diesem parlamentarischen System aufkommen. Die großen Volksparteien leiden seit Jahren an dem Verlust ihrer Wähler, weil sie in ihren politischen Entscheidungen nicht mehr die Anliegen und Erwartungen der Menschen an die Politik berücksichtigen. Bei den Entscheidungen des Parlaments ist der Wählerwille oft nicht mehr erkennbar. So betreiben unsere Regierungen immer mehr eine Politik der Konzerne und der Finanzkartelle und verlieren dabei zunehmend ihre Wähler. Die etablierten Parteien erscheinen in ihrer Gesamtheit wie eine Kartellpartei, bei der nicht mehr die Politik wechselt, sondern nur noch die Mandatsträger ausgetauscht werden.

Dabei sollten die Parteien das Bindeglied zwischen Staat und Gesellschaft sein. Als Vereinigungen oder Zusammenschlüsse von politisch interessierten Bürgern sollen die Parteien an der politischen Willensbildung in den Volksvertretungen auf Bundes- und Landesebene mitwirken. Das ist im Grundsatz richtig und gewünscht.

Voraussetzung ist jedoch, dass sie den demokratischen Grundsätzen entsprechen. Ihre Gründung, ihr Aufbau und ihre Organisation sowie ihre Finanzierung werden durch das Parteiengesetz geregelt.

Nach Artikel 38 Abs. 1 des Grundgesetzes sind die Abgeordneten einer Partei nur ihrem Gewissen und keiner anderen Weisung unterworfen. Parteidisziplin und Fraktionszwang führen jedoch die Gewissensentscheidung der gewählten Volksvertreter nicht selten ad absurdum.

Der Einfluss der Machtinteressen der Kapitaleliten und ihrer Lobbyisten auf die Parteien und deren Vorstandsbeschlüsse ist zudem so groß, dass sich die Parteien ihm nur schwer entziehen können. Die Gründe für diese Abhängigkeit sind vielfältig, aber neben der immer größer werdenden Marktmacht der Unternehmen spielen auch fehlende Fachkenntnisse und Erfahrungen der Politiker mit den immer komplexen Marktmechanismen eine gewichtige Rolle.

Früher wählte man Personen in die Politik, die erfolgreich im Berufsleben waren und die nötige Erfahrung für ein politisches Amt mitbrachten. Heute werden immer öfter unerfahrene Politiker gewählt, die sich nach dem Abitur oder angefangenem Studium für die Politik entschieden haben. Vielen fehlen aber anscheinend das notwendige Verantwortungsbewusstsein und die Lebenserfahrung für eine Politik mit mehr

Ethik, Moral und Vernunft im politischen Handeln. Nur selten zeichnen sie sich durch Arbeitsleistung oder Berufserfahrung aus. Wie können diese Kandidaten für eine Gesellschaft Verantwortung tragen, deren Sorgen und Nöte sie kaum kennen? Wäre es für die Parteien bei der Aufstellung der Kandidaten nicht wichtiger die Sachkenntnisse und Erfahrungen stärker zu berücksichtigen, die auch die Verschiedenheit und Interessen der Gesellschaft widerspiegeln?

So dienen im derzeitigen System die Politiker immer mehr den Kapitalinteressen der Konzerne und Finanzeliten statt den Menschen, die sich aus diesen Gründen nicht mehr durch die etablierten Parteien vertreten fühlen. Die Begriffe Parteienherrschaft und Elitendemokratie machen die Runde.

Wenn die Parteien nicht zum Selbstzweck verkommen wollen, müssen sie sich wieder den Anliegen der Wähler widmen und die Forderungen und Interessen der Menschen ernster nehmen, was auch ihre eigentliche Aufgabe als Volksvertreter ist.

Laut Umfragen verschiedener Meinungsforschungsinstitute liegen die deutschen Volksparteien in der Frage nach Glaubwürdigkeit, Ehrlichkeit und Authentizität der Politiker weit unter der Fünfzigprozentmarke.[26] So liegt etwa zum Zeitpunkt der Entstehung dieses Buches die SPD bei 45 Prozent und die CDU/CSU bei 36 Prozent. Bis heute dürften sich diese Werte weiter verschlechtert haben. Ein verheerendes Zeugnis für die Politiker einer demokratischen Gesellschaft.

Beruflich erfolgreiche Bürger sind kaum noch für die Politik zu gewinnen, sondern benutzen die Politik eher für ihre eigenen Ziele. Politiker mit Sachverstand und Sinn für das Gemeinwohl sucht man ebenso vergebens wie Politiker mit Weitsicht und Vernunft, die eine Politik auf der Grundlage ethisch-moralischer Werte für die Bürger betreiben wollen.

---

[26] Vgl. Bertelsmann Stiftung: Schwindendes Vertrauen in Politik und Parteien, 2019.

Stattdessen besteht das Parlament aus immer mehr Politikern, die ohne Erfahrung und Sachkenntnis als Mitläufer ihre eigene Politkarriere im Auge haben.

Es müssten Alarmzeichen für die Demokratie und ihre politischen Institutionen sein, dass die Fundamente einer demokratischen Gesellschaft, wie Glaubwürdigkeit, Ehrlichkeit und Gerechtigkeit sowie Ethik und Moral, in der politischen Landschaft von großen Teilen der Gesellschaft nicht mehr wahrgenommen werden.

Es ist nicht zu übersehen, dass hier etwas gewaltig aus dem Ruder gelaufen ist.

Deutschland leistet sich ein Parteienwahlsystem, das eine zerstörerische Entwicklung angenommen hat, vom Bürger immer weniger akzeptiert wird und so die deutsche Demokratie in den Ruin führt. Auch das Bundesverfassungsgericht hat in den vergangenen Jahren immer wieder Reformen des deutschen Wahlrechts angemahnt, damit das Parlament nicht immer weiter wächst. Jedoch ohne nennenswerten Erfolg.

Im Ergebnis führt dieses politische Systems nicht zu mehr Mitsprache der Bürger, sondern zu Resignation und Politikverdrossenheit. Ein immer größerer Teil der Menschen in Deutschland wendet sich frustriert von der Politik ab.

Politik bestimmt aber unser Leben mehr, als wir glauben. Statt das System zu ändern und die eigenen Interessen durchzusetzen, scheint den Menschen in Deutschland der Wille und das Interesse an der politischen Gestaltung zu fehlen. Gleichgültigkeit, Ignoranz und Duldsamkeit der Menschen sind die Verbündeten der Machteliten, die damit ihr Machtstreben und ihre Vorstellungen einer Vermögensverteilung leichter durchsetzen können. Eine undemokratische Entwicklung, die in die falsche Richtung führt und mit der sich die Menschen selbst und dem politischen System schaden.

Es ist aber auch das Versagen der Medien, die sich nicht nur mit den etablierten Parteien arrangiert haben und Teil des politischen Systems geworden sind, diese Entwicklung kritisch zu hinterfragen. Sie lassen die deutsche Politik im positiven Licht erscheinen, ohne die Stimmung in der Bevölkerung zu berücksichtigen.

Ein Beispiel hierfür war die einseitige positive Darstellung der chaotischen Zuwanderungspolitik der Bundesregierung in den Jahren 2014 und 2015 durch die Medien. Sie führte zu großer Verunsicherung und zum Glaubwürdigkeitsverlust der Medien und der Politik in der Bevölkerung und offenbarte ein großes Problem der objektiven Berichterstattung der Medien in Deutschland. Selbst die Nachrichten wirken oft wie Regierungspropaganda. Wo ist der freie, unparteiische und überparteiliche Journalismus geblieben? Ein freier, unabhängiger und kritischer Journalismus ist als Kontrollinstanz für eine mündige Gesellschaft unverzichtbar.

Die Parteien als Bindeglied zwischen Staat und Gesellschaft sollten wie bereits erwähnt laut Grundgesetz bei der politischen Willensbildung mitwirken. Dabei ist es die Aufgabe der Medien, über alle zugelassenen Parteien und deren Ziele objektiv zu berichten. Aber neue Parteien mit neuem Zeitgeist, neuen Ideen und anderen Denk- und Sichtweisen auf die politischen Themen unserer Zeit werden von den Medien ignoriert oder nicht wahrgenommen. Sie könnten jedoch eine Alternative für die Wähler zu dem Einheitsbrei der etablierten Parteien sein.

Nur einseitig über die etablierten Parteien zu berichten, dient nicht der demokratischen Willensbildung der Menschen in Deutschland.

Die Parteien sollen dem Wähler ein möglichst breites Spektrum an politischen Entscheidungsmöglichkeiten anbieten, damit der Wähler angesichts der Parteiprogramme und Sichtweisen der unterschiedlichen Parteien entscheiden kann, welche Position ihm für seinen Entscheidungsprozess besser gefällt. Für die Bürger sind die alten Volksparteien im Wesentlichen kaum noch zu unterscheiden. Manche Professoren sprechen inzwischen von Kartellparteien.

Das Problem ist die Abhängigkeit der Abgeordneten von ihrer Partei, denn die Wahllisten, auf denen die Kandidaten den Wählern zur Wahl präsentiert werden, stellen die Parteien auf. Querdenker sind dabei nicht erwünscht. Dagegen haben es linientreue Parteisoldaten wesentlich leichter, einen aussichtsreichen Listenplatz zu erreichen.

Wer keine eigene Sichtweise für die politische Lage und auch keine eigenen Lösungen für das Land entwickelt und vertritt und nur der Parteiführung vertraut, ist bestens geeignet, in eine Spitzenposition zu gelangen. Genau das ist das Problem, denn die Erwartungen der Parteiführung sind einerseits durch die eingeengte Sichtweise und andererseits durch den Einfluss der Machteliten mit den Vorstellungen und Erwartungen der Wähler immer weniger vereinbar. Der Abgeordnete wird mit dieser Sichtweise zwangsläufig einen großen Teil seiner Wähler enttäuschen.

Die Parteien und ihre Sitzverteilung im Bundestag unterscheiden sich durch links und rechts. Diese Einteilung ist von den Parteien aber nicht mehr gewünscht, weil heute alle Parteien in der Mitte sein wollen.[27]

Allenfalls kann man bei der SPD von einer linken Mitte oder bei der CDU von einer konservativ-bürgerlichen Mitte oder von einer neuen Mitte sprechen, was auch immer das heißen mag. Darüber hinaus müssten die Medien über alle zugelassenen Parteien und deren Programme berichten und die Menschen entsprechend Informieren, statt auf Einschaltquoten durch Unterhaltung und Spiele zu setzen. Gerade bei Fernsehen und sozialen Medien lässt sich der Verfall des Qualitätsanspruchs am besten beobachten.

---

[27] Vgl. Das Datenhandbuch des Bundestages (DHB), Kapitel 7.2: Sitzordnung im Plenum, 15.11.2018.

Keiner der Fernsehmoderatoren kritisiert das System und niemand widerspricht, wenn von Demokratie oder sozialer Marktwirtschaft gesprochen wird, obwohl beides weitgehend verloren gegangen ist. Mehr Ehrlichkeit, Objektivität und auch Selbstkritik in der politischen und medialen Landschaft würde die Glaubwürdigkeit erhöhen und das Vertrauen stärken. Ganz anders sind die sozialen Medien, in denen sich die Kritiker auslassen können und dabei oftmals die Grenzen des guten Geschmacks überschreiten, bis hin zu Drohungen und Beleidigungen, die ich an dieser Stelle ausdrücklich missbillige und zutiefst ablehne.

Die Volksparteien wie CDU und SPD haben an Strahlkraft verloren. Ihr Niedergang geht einher mit der Veränderung der deutschen Gesellschaft. Dass der Verlust der Wähler so schnell und so dramatisch verlaufen würde, konnte allerdings niemand ahnen.

Vielleicht wünschen sich die Menschen einen anderen Typus von Politiker, eine Art unangepassten Popstar der Politik oder doch den smarten, fachkundigen und eloquenten Politikstar, mit dem sie sich besser identifizieren können.

In jedem Fall zeichnet sich eine Zeitenwende in der deutschen Politik ab. Die Gesellschaft ist bunter und anspruchsvoller geworden. Sie verlangt nach Politikern mit neuen Ideen und Visionen für eine bessere Zukunft. Warum soll man Politiker wählen, die nur mit sich selbst beschäftigt sind und dabei den Wählerwillen vergessen?

Die demokratisch gewählten Volksvertreter sind allzu oft damit beschäftigt, sich gegenseitig zu attackieren und kompromisslos auf ihren Standpunkten zu beharren, nur um der Parteidisziplin Rechnung zu tragen, anstatt eine gute Idee oder einen Vorschlag der anderen Partei zu akzeptieren und aufzugreifen. Die Wähler würden es ihnen danken.

Parteidisziplin und Parteienegoismus sorgen immer wieder für Streit und Rechthaberei zwischen den Parteien, die dabei die Anliegen und Forderungen der Bürger und Wähler kaum beachtet. Die Menschen müssen dabei zusehen, wie ihre Anliegen im Debattenstreit untergehen. Einigkeit besteht nur bei Diätenerhöhungen und dem Erhalt der Ministerposten.

Laut Grundgesetz haben die Volksvertreter nach bestem Wissen und Gewissen und zum Wohle des Volkes zu entscheiden, statt der Parteidisziplin zu gehorchen. Kein Wunder, dass ihnen so die Wähler abhandenkommen.

Diskussionen und zielführende Streitkultur sind wichtig, aber sie dürfen einer demokratischen Sachfindung und Lösung der Probleme nicht entgegenstehen. Dass Diskussionen zur Demokratie gehören, ist evident, aber die Beachtung des Wählerwillens gehört ebenso dazu.

Die Menschen wünschen sich darüber hinaus auch ein besseres Wirtschaftssystem mit mehr Teilhabegerechtigkeit. Keine der etablierten Parteien hat sich heute noch in ihrer Programmatik einer echten Neuen Sozialen Marktwirtschaft mit einer gerechteren Verteilung der erwirtschafteten Erträge verschrieben. Zwar berufen sich die Politiker immer wieder auf die soziale Marktwirtschaft, ohne sich jedoch an den Zielen dieser Wirtschaftsordnung zu orientieren.

Die politische Elite im Verbund mit den Medien hat sich weitgehend von großen Teilen der Gesellschaft entfremdet, und alles, was sich nicht einordnet, wird boykottiert. Wenn man heute an das Zitat von Bertolt Brecht zum DDR-Regime denkt, das da lautet: »Das Volk hat das Vertrauen der Regierung verscherzt. Wäre es da nicht doch einfacher, die Regierung löste das Volk auf und wählte ein anderes?«, könnte man diese Aussage auch auf die heutige Gesellschaft übertragen. Wir haben jedoch keine andere.

Die Missachtung des Bürgerwillens und die einseitige Sichtweise der Abgeordneten für eine Politik zu Gunsten der Konzerne und Finanzeliten führen zur Unzufriedenheit, Resignation und Politikmüdigkeit der Bürger in Deutschland.

Es mehren sich die Stimmen von Experten, die ein Umdenken bei fast allen politischen Themen fordern. Hinsichtlich der Parteien, der Wirtschaft und auch der Gesellschaft, um den Menschen wieder eine Perspektive für ihre Zukunft bieten zu können.

Die alten Volksparteien verlieren zunehmend an Zustimmung bei den Wählern, weil sie deren Interessen nicht mehr vertreten. Auf der Suche nach Alternativen fehlt den Menschen die umfassende Information über das gesamte Parteienspektrum. Statt dieser Informationspflicht nachzukommen, lamentieren die Medien über rechtes Wählerpotenzial und präsentieren so nur die AFD als Alternative. Ein kontraproduktives Verhalten, durch das sie diese Partei bekannt machen und genau das Gegenteil von dem erreichen, was sie propagieren.

Eine Berichterstattung, die einer Demokratie unwürdig ist und schnellstens geändert werden sollte, denn der Bürger und Wähler sollte durch die Medien zumindest die Möglichkeit erhalten, die Programme und Ziele aller Parteien kennen zu lernen.

Die ehemaligen Volksparteien CDU und SPD glauben immer noch, ihre Wähler zurückgewinnen zu können. Genauso gut könnten sie an den Weihnachtsmann glauben, denn Unmut, Frust und Verärgerung sitzen inzwischen so tief, dass eine Rückkehr der Wähler zu den Altparteien nicht zu erwarten ist. Dennoch wollen sie nicht glauben, dass ihre Zeit womöglich vorbei ist. Mit dem Niedergang der alten Volksparteien könnte aber der Blick auf neue Parteien frei werden, zugunsten einer lebendigeren Demokratie.

Nur wenn Politik und Medien erkennen, dass sie die Menschen besser und umfassender über das gesamte Parteienangebot informieren müssen, kann bei den Menschen das Interesse für die Politik und für die Parteien wieder geweckt werden.

Wohlstand für wenige, Armut für viele

»Wohlstand für alle«, das war einst das Ziel der sozialen Marktwirtschaft, einer neuen Wirtschaftsordnung, die 1949 unter Konrad Adenauer und Wirtschaftsminister Ludwig Erhard in Deutschland eingeführt wurde. Man wollte wirtschaftlichen Wohlstand in sozialer Verantwortung für die Gesellschaft erreichen. Ein Bild zeigt Ludwig Erhard mit einer Ausgabe seines Buches »Wohlstand für Alle«. Mit der Einführung der sozialen Marktwirtschaft und der Tarifautonomie wurden 1949 die Weichen für eine neue Wirtschaftsordnung gestellt. Eine Ideologie, die die Entwicklung in Deutschland nachhaltig geprägt hat. Die soziale Marktwirtschaft wurde jedoch nach einem beispiellosen wirtschaftlichen Erfolg in den ersten zwei

Quelle: Bundesarchiv

Jahrzehnten nach ihrer Einführung in den Folgejahrzehnten leise und unspektakulär nach und nach gegen ein westliches kapitalistisches Wirtschaftssystem ausgetauscht, das nur auf Profit ausgerichtet ist.

Die Änderung der Börsengesetze nach angloamerikanischem Vorbild war einer der vielen Meilensteine, die den Übergang in ein neoliberales kapitalistisches System markierten.[28] Deutschland wollte auch am äußerst lukrativen internationalen spekulativen Börsenhandel teilnehmen.

Die Finanzinstrumente für Termingeschäfte auf der Grundlage von bestimmten Basiswerten versprachen außerordentliche Gewinne, die in der Realwirtschaft nicht zu erzielen waren.

Für die Unternehmen wurde Shareholder Value[29] in der Folgezeit die Lösung der wirtschaftlichen Probleme. Wirtschaftszweige, die nicht den gewünschten Gewinn erzielten, wurden wegrationalisiert, ohne soziale Verantwortung und ohne Rücksicht auf die Menschen und ihre Familien.

Gewinnmaximierung ist seit dieser Zeit das Ziel der neuen Wirtschaftsordnung, die ausschließlich den Kapitalinteressen dient und soziale Komponenten immer weniger berücksichtigt.

Heute besitzen in Deutschland zehn Prozent der Vermögenden weit mehr als die Hälfte des Volksvermögens.[30] Weltweit sind es sogar 85 Prozent. Wenn man die 82 Millionen Menschen der deutschen Bevölkerung von reich bis arm in zwei Hälften teilt, besitzt die untere Hälfte gerade mal etwas mehr als ein Prozent des Volksvermögens. Wohin führt diese

---

[28] Seit der Eröffnung der Chicago Board Options Exchange am 26. April 1973 spricht man von einem modernen Derivatehandel. Eine Börsengesetz-Novelle folgte in Deutschland im April 1975, die das alte Börsenrecht an die damaligen Erfordernisse anpasste.
[29] Der Shareholder-Value-Ansatz geht auf das im Jahr 1986 veröffentlichte Buch »Creating Shareholder Value« von Alfred Rappaport zurück.
[30] Vgl. Die Welt: Die reichsten zehn Prozent besitzen mehr als die Hälfte des Vermögens, 2.10.2019.

enorme Kapitalkonzentration und welcher volkswirtschaftliche Sinn steckt dahinter?

Diese Ungleichheit ist auch die Folge einer ungerechten Steuerpolitik. Bei der Besteuerung der Kapitalbesitzer muss natürlich zwischen Unternehmenssteuern und den privaten Einkommensteuern unterschieden werden. In diesem Buch befasse ich mich lediglich mit der Besteuerung privater Einkommen, die gerechterweise in sozialer Verantwortung prozentual linear gleich besteuert werden sollten. Ein Lösungsansatz, den ich in einem späteren Kapitel näher aufzeigen werde.

Das derzeitige Steuersystem trägt dazu bei, dass die Reichen immer reicher werden und die Masse der Geringverdiener, die weiter in die Armut absinkt, immer größer wird und am Ende kaum noch etwas besitzt. Dabei sollte eigentlich »Wohlstand für alle« immer noch das Ziel sein.

Die Politik sollte dazu die gesetzlichen Rahmenbedingungen schaffen, damit einerseits eine prosperierende Wirtschaft und andererseits ein angemessener sozialer Ausgleich für Lohn und Arbeit erreicht werden. Wenn man sich aber die Vermögensverteilung in Deutschland ansieht, muss man sich fragen, ob diese Vermögensverteilung noch mit einem demokratischen, sozialen Staat vereinbar ist. Seit dem Siegeszug des Neoliberalismus hat sich die Schieflage zu Gunsten der Eliten und ihrem Einfluss drastisch vergrößert.

Konzerne sind extrem autoritär in der Durchsetzung ihrer Interessen und nur auf Rendite fixiert. Es ist für sie unerheblich, ob die Umwelt oder die Gesellschaft darunter leidet. Hauptsache Profit. Anders als im derzeitigen kapitalistischen System würden nach den Prinzipien der sozialen Marktwirtschaft diese Gewinne aus den Kapitalerträgen als Unternehmensgewinn in vielen Unternehmen teilhabegerechter und angemessener nach sozialen Gesichtspunktenden den Unternehmern und ihren Arbeitnehmern zu Gute kommen.

Trotz einer verfehlten Steuerpolitik in den letzten Jahrzehnten und einer ungerechten Verteilung privater Vermögen scheint es die Bundesregierung nicht für nötig zu halten, diese Steuerpolitik zu ändern. Aber auch der deutsche »einfache« Bürger ist immer noch nicht alarmiert, weil sein Interessenhorizont sich auf seine kleine Welt zu begrenzen scheint und er sich in seiner Ohnmacht keine Gedanken über eine gerechtere Steuerpolitik macht. Seine Geduld und Gleichgültigkeit scheinen grenzenlos zu sein.

Diese ungerechte und unsoziale Politik zieht sich durch alle sozialen Bereiche und müsste eigentlich in der Gesellschaft den Wunsch nach einer grundlegenden Reform des Steuersystems und der Sozialsysteme wecken. Die Sozialsysteme sind zum Teil nach dem Gießkannenprinzip ausgerichtet, die falsche Anreize zur Arbeitsleistung bieten und ein Leben ohne Arbeit im sozialen Netz ermöglichen. Das sind typische Anzeichen eines Sozialstaats, der nicht auf die individuellen Bedürfnisse einer bestimmten Gruppe, sondern pauschal und undifferenziert reagiert, wobei ein sozialer Staat im Gegensatz zum Sozialstaat nur die Bedürfnisse der bedürftigen Bürger erfüllen würde.

Dennoch machen die Regierenden so weiter wie bisher. Hauptsache, die Wirtschaft und der Export boomen und die Konzerne machen Gewinne. Aber was passiert, wenn der wirtschaftliche Erfolg ausbleibt und dem Staat die nötigen Gelder zur Unterstützung der ärmeren Bevölkerung fehlen? Wer zahlt dann die Mieten und Sozialleistungen für diese Menschen? Das Ungleichgewicht wird von Jahr zu Jahr größer und die sozialen Anforderungen können immer weniger zur Zufriedenheit der Bürger gelöst werden. Wie es dem arbeitenden Menschen geht, interessiert die Regierenden offenbar nicht.

Das größte Problem in Deutschland ist das riesige Verteilungsproblem. Es war das Versagen der Politik und vor allem der Gewerkschaften, dass heute Hungerlöhne gezahlt werden, von denen viele Menschen nicht mehr leben können. Eine Falle, aus der die im Niedriglohnsektor Arbeitenden nicht mehr herauskommen, denn das niedrige Einkommen setzt sich bei der Rente fort. Nicht der Fleiß wird in diesem System belohnt, sondern nur der Rentenbeitrag. Anders als in der gesetzlichen Krankenversicherung, wo jeder unabhängig von der Beitragshöhe gleichen Anspruch auf eine gesundheitliche Leistung erwirbt.

Das Aufstocken von Niedriglöhnen durch den Staat wirkt wie eine Subvention für die Wirtschaft, weil sie damit niedrige Löhne zahlen kann. So macht das System Millionäre zu Milliardären und gleichermaßen sinkt ein immer größerer Teil der Menschen in Deutschland als Verlierer in die Armutsfalle. Je mehr Kapital sich oben in einer Hand eines Superreichen akkumuliert, desto mehr Armut schafft das unten auf der ärmeren Gegenseite. Es ist die Kehrseite derselben Medaille. Ich hätte nie geglaubt, dass sich gleichzeitig so viel Reichtum und so viel Armut nebeneinander in Deutschland etablieren würden; und ich hätte auch nie geglaubt, dass der Ruf nach Enteignung hier auf offene Ohren treffen und in den Medien und in der Politik intensiv diskutiert würde.[31] Eine Enteignung halte ich für indiskutabel und den falschen Weg. Es geht doch nicht darum, irgendjemandem, auch nicht den Reicheren, etwas wegzunehmen, sondern um eine gerechtere Verteilung der erwirtschafteten Erträge.

Heute ertragen die Menschen mit unendlicher Geduld und Ignoranz die Ausbeutung der Gesellschaft durch ein ungerechtes und undemokratisches Wirtschaftssystem, das sich Kapitalismus nennt. Das Ergebnis dieser Entwicklung zeigt, wie weit wir uns inzwischen von der sozialen Marktwirtschaft entfernt haben. Man müsste die derzeitige Politik auf den Kopf stellen, damit sie wieder normal wird. Den Menschen wird die Illusion

---

[31] Die Welt: Diskussion über Enteignung: Tausende Berliner protestieren, 6.4.2019.

von Freiheit, Demokratie und Mitbestimmung vermittelt, die jedoch nur so weit reichen, wie sie keine systemischen Veränderungen bewirken können und nicht den Einflussbereich der Machteliten berühren.

Auf die Dauer ist diese den Menschen nicht dienende Wirtschaftsordnung unhaltbar und sollte schleunigst durch eine bessere ersetzt werden. Die derzeitige Wirtschaftsordnung folgt ihren eigenen Regeln, die von den arbeitenden Menschen als Selbstbedienung der Führungseliten empfunden werden. Durch Verträge werden zum Beispiel Regelungen getroffen, die Führungskräften und Managern beim Ausscheiden aufgrund von Fehlspekulationen und Fehleinschätzungen, die zu Verlusten des Konzerns führen, großzügige Belohnungen und Abfindungen bescheren, während die Arbeiter um ihren Arbeitsplatz bangen müssen und gegebenenfalls entlassen werden. Unternehmerische Freiheit sollte immer mit Verantwortung und Haftung verbunden sein. Familiengeführte Unternehmen schneiden im Vergleich der Verantwortlichkeit besser ab als Unternehmen, die von Managern geführt werden, die nichts mehr mit dem Eigentümer zu tun haben.[32] Bei den Familienunternehmen geht es ums eigene Geld, bei den von Managern geführten Unternehmen geht es um das Geld anderer Leute. Zudem sind die Schäden durch Managementfehler oft weit größer als die durch einen Arbeiter verursachten. Und oft reicht schon das Nichterreichen der Gewinnerwartung, um Mitarbeiter zu entlassen. Eigentum verpflichtet, heißt es doch eigentlich. Das sollte auch für die soziale Verantwortung des mächtigen Managers gegenüber seinen Arbeitern und Angestellten gelten, die als Lohnempfänger in seiner Abhängigkeit stehen. Die Verhältnismäßigkeit zwischen den Löhnen der Arbeiter und den Managern hat mittlerweile auch in Deutschland irreale Ausmaße angenommen und sollte wie-

---

[32] Vgl. Bertelsmann Stiftung (Hrsg.): Das gesellschaftliche Engagement von Familienunternehmen, 2007.

der auf ein moralisch vertretbares Maß zurückgeführt werden.[33] Denn gefühltes Vertrauen und soziale Verantwortung der Führungskräfte und Manager gegenüber ihren Angestellten und Arbeitern führt zu einer Steigerung der Produktion und trägt zu einem besseren Betriebsklima bei.

Eine andere Frage ist, warum unsere gewählten Politiker und Parlamentarier in so vielen Aufsichtsräten sitzen, ohne die erforderlichen betriebswirtschaftlichen Kenntnisse zu haben. Dazu wurden sie doch nicht gewählt. Nicht selten ist festzustellen, dass bei Fehlentscheidungen der Konzernführung der Aufsichtsrat versagt hat. Dazu fällt mir treffenderweise ein Zitat von Johann Wolfgang von Goethe ein:

*»Kluge Leute kannst du irren sehen,
in Sachen nämlich, die sie nicht verstehen.«*

Aufsichtsräte sollten entsprechende Kenntnisse besitzen, um die wirtschaftliche Lage des Konzerns beurteilen zu können. Hierzu müsste wieder mehr das Bewusstsein für Ethik und Moral gestärkt werden, ein Bewusstsein, das auch für die Verhältnismäßigkeit der Löhne und Gehälter der Arbeiter und Angestellten gegenüber den Bezügen der Unternehmensführungen steht. Arbeit muss sich wieder lohnen.

Durch die Agenda 2010, ein Konzept zur Reform des deutschen Sozialsystems und Arbeitsmarktes, das von 2003 bis 2005 von der aus SPD und Bündnis 90/Die Grünen gebildeten Bundesregierung unter dem Bundeskanzler Gerhard Schröder[34] umgesetzt wurde, konnten auf Kosten des Staates und seiner Steuerzahler die Löhne weiter nach unten gedrückt werden. Die Zunahme der Leiharbeit und der Ausbau der Minijobs haben zu starken sozialen Verschiebungen auf dem Arbeits-

---

[33] Vgl. DIE ZEIT: Managergehälter – Wie viel ist zu viel? Nr. 29/2018, 12.7.2018.
[34] Schröder, Gerhard (geb. 1944), war von 1998 bis 2005 Bundeskanzler der Bundesrepublik Deutschland.

markt und in der Gesellschaft geführt, mit negativen Auswirkungen auf Tariflöhne, Sozialsysteme und Altersrente.

Wenn Regierungen die Arbeitsmarktregeln ersetzen, ist die Tarifautonomie von Gewerkschaften und Arbeitgebern in Gefahr. Die Entwicklung zeigt, dass dieser Trend zu Niedriglöhnen und Dumpingpreisen zugunsten einer globalen Wettbewerbsfähigkeit in die falsche Richtung geführt hat. Warum ertragen die Menschen diese Ausbeutung der Gesellschaft, obwohl sie sich nach Angaben der Politiker und Medien doch in einem wohlhabenden Land mit Vollbeschäftigung und Exportüberschuss befinden? Ist das vielleicht nur die halbe Wahrheit oder werden sie verschaukelt?

In einem Land wie Deutschland, das nach Medienberichten angeblich so reich ist, sollte Altersarmut kein Thema sein. Dennoch verabschiedeten im reichen Deutschland die Regierungsparteien 2014 ein Rentengesetz, das bis 2030 eine Rentenabsenkung auf 43 Prozent des Nettolohns vorsieht.

Für große Teile der Gesellschaft wäre das der direkte Abstieg in die Altersarmut. Nach dem »RV-Leistungsverbesserungs- und -Stabilisierungsgesetz« von 2018 soll sich das Rentenniveau bis 2025 jedoch auf mindestens 48 Prozent und der Beitrag auf höchstens 22 Prozent stabilisieren. Es ist der Versuch, die Rente auf unterstem Niveau festzusetzen.

Auch auf dieses Thema werde ich später in einem anderen Kapitel noch einmal zurückkommen. Im Übrigen bedarf es einer grundlegenden Reform unserer Sozialsysteme, wie zum Beispiel auch unseres Gesundheitssystems und seiner Versicherungskassen.

Deutschland hat den Anspruch, ein funktionierendes solidarisches Steuer- und Sozialsystem zu haben, wird dem aber schon lange nicht mehr gerecht.

In einer Solidargemeinschaft sollten die sozialen Errungenschaften allen Menschen dienlich sein, denn »sozial« heißt »die Gesellschaft betreffend« und weist sowohl auf das gesellschaftliche Miteinander als auch auf die gesellschaftlichen Probleme und sozialen Brennpunkte dieser Gemeinschaft hin. Wirtschaft ist kein Selbstzweck. Wirtschaftswachstum sollte stets mit sozialem Schutz und Verantwortung einhergehen. Die Politik hat die Pflicht, die sozialen Systeme funktionsfähig zu halten. Neben der Arbeitssicherung, Bekämpfung der Arbeitslosigkeit sind die Institutionen der Sozialversicherungen zentrale Herausforderungen der Sozialpolitik, die zur Sicherung der sozialen Existenz dienen sollen. Es muss das Bestreben der politisch Verantwortlichen sein, den Wohlstand der Bevölkerung zu mehren und die Menschen vor dem sozialen Abstieg zu bewahren.

In einer solidarischen Gesellschaft wie der deutschen sollte es vorrangig darum gehen, die errungenen sozialen Werte zu verteidigen und den Lebensstandard der Menschen sowie den sozialen Frieden zu erhalten, damit der Standort Deutschland attraktiv bleibt.

Reiches Land, arme Bürger

»Deutschland ist Exportweltmeister.«
»Deutschland profitiert vom Euro und vom Export.«

Die Schlagzeilen hören sich gut an. Die Deutschen sind stolz auf ihren Handelsüberschuss, denn er bestätigt eine hohe Qualität ihrer Produkte, ihrer Unternehmen und ihrer Wettbewerbsfähigkeit.

Deutschland hat 2018 für 1.279 Milliarden Euro Waren exportiert und für 1.034 Milliarden Euro Waren importiert. Daraus ergibt sich ein Exportüberschuss von fast 245 Milliarden Euro. Wenn jedoch die Erträge unter den Konzernen und ihren Aktionären aufgeteilt werden und die beschäftigten Arbeitnehmer davon nicht profitieren, ist das eine sehr zweifelhafte Wirtschaftsentwicklung.

So stellen sich die Fragen: Wer ist denn dieses Deutschland und wer profitiert eigentlich vom Export und vom Euro? Ist es der Staat oder sind es die Konzerne, die Aktionäre oder die Bürger und Erwerbstätigen?

Die Statistiken zeigen eindeutig, die Bürger sind es nicht, denn in Deutschland haben sich die Reallöhne seit Einführung des Euro negativ entwickelt, während sie in vielen anderen europäischen Staaten gestiegen sind. In manchen Ländern sind sie geradezu explodiert.

Wenn man sich die folgende Tabelle anschaut, ist es schon bemerkenswert, dass ausgerechnet die Nettoempfängerländer innerhalb der EU ihre Reallöhne verdoppeln, verdreifachen

Entwicklung der Reallöhne in der EU

Entwicklung der Reallöhne von 2000 bis 2008 in Prozent

Land	%
Rumänien	331,7
Lettland	188,5
Estland	132,5
Litauen	104,4
Ungarn	66,7
Bulgarien	51,9
Tschechien	49,1
Slowakei	48,1
Slowenien	40,3
Griechenland	39,6
Irland	30,3
Großbritannien	26,1
Dänemark	19,0
Polen	19,0
Finnland	18,9
Schweden	17,9
Zypern	12,8
Niederlande	12,4
Frankreich	9,6
Luxemburg	8,1
Malta	7,9
Italien	7,5
Belgien	7,2
Spanien	4,6
Portugal	3,3
Österreich	2,9
Deutschland	-0,8

oder sogar vervierfachen konnten. Deutschland rangiert jedoch als Nettozahler mit sinkenden Reallöhnen an letzter Stelle.

Der Blick über die europäischen Binnenmarktgrenzen hinaus zeigt ein noch erschreckenderes Bild. In diesem weltweiten Ranking führt Norwegen, das sich mit zwei Volksabstimmungen 1972 und 1994 erfolgreich gegen einen Beitritt zur Europäischen Union gewehrt hat, die Liste an. Auf Platz 2 folgt das

Reallohnentwicklung in Deutschland im Vergleich zu den europäischen Nachbarländern und zu 26 Industrieländern. *Quelle: Europäische Kommission, WSI*

Lohn- und Gehaltsentwicklung in 26 entwickelten Ländern, 2000 bis 2009
(kumuliertes Wachstum in %, inflationsbereinigt)

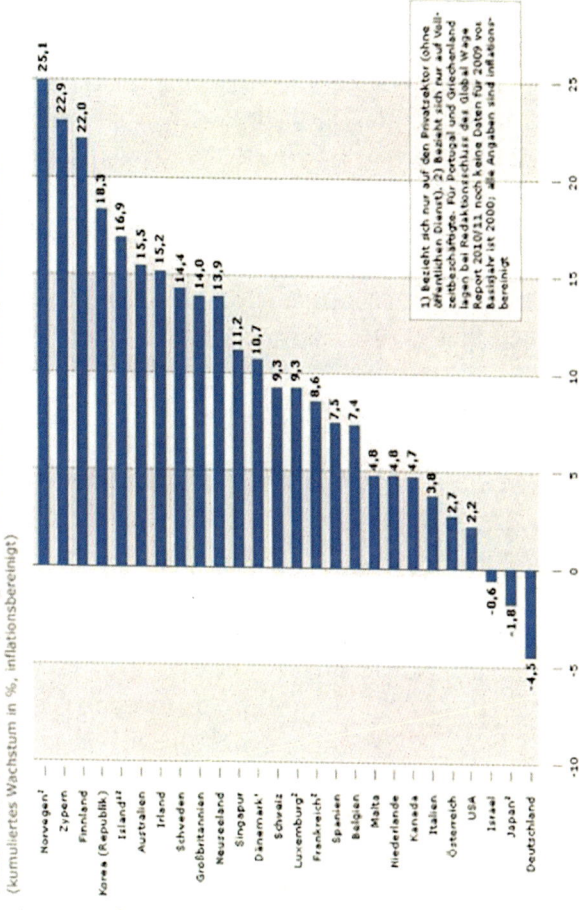

Norwegen[1]	25,1
Zypern	22,9
Finnland	22,0
Korea (Republik)	18,3
Island[1]	16,9
Australien	15,5
Irland	15,2
Schweden	14,4
Großbritannien	14,0
Neuseeland	13,9
Singapur	11,2
Dänemark[1]	10,7
Schweiz	9,3
Luxemburg[2]	9,3
Frankreich[2]	8,6
Spanien	7,5
Belgien	7,4
Malta	4,8
Niederlande	4,8
Kanada	4,7
Italien	3,8
Österreich	2,7
USA	2,2
Israel	−0,6
Japan[1]	−1,8
Deutschland	−4,5

Quelle: ILO Global Wage Database 2010/11; auf Grundlage von Angaben der nationalen statistischen Ämter.

1) Bezieht sich nur auf den Privatsektor (ohne öffentlichen Dienst). 2) Bezieht sich nur auf Vollzeitbeschäftigte. Für Portugal und Griechenland lagen bei Redaktionsschluss des Global Wage Report 2010/11 noch keine Daten für 2009 vor. Basisjahr ist 2000; alle Angaben sind inflationsbereinigt.

hoch verschuldete Zypern, das unlängst 6,3 Milliarden Euro Hilfen aus dem ESM[35] von der EU erhalten hat.

Selbst Japan, ein Land zwischen Depression und Rezession, das mit Naturkatastrophen zu kämpfen hatte, liegt im Ranking noch vor Deutschland, das auch hier an letzter Stelle rangiert.

In Deutschland können immer weniger Menschen von ihrem Lohn geschweige denn von ihrer Rente ihren Lebensalltag bestreiten. Sie haben das Gefühl, in einem Land zu leben, das sie zunehmend ärmer macht.

In der Darstellung der deutschen Lohneinkommen in den Medien, bei der sehr hohe Einkommen in ein gemeinsames Lohnniveau eingerechnet werden, ergeben sich zwangsläufig Durchschnittslöhne, die unrealistisch hoch erscheinen. So kann man mit diesen Statistiken die Einkommen nach Belieben schönrechnen, obwohl in der Realität die meisten Löhne in der breiten Masse weit darunter liegen.

Inzwischen kann jeder Zehnte in Deutschland seine Schulden nicht mehr bezahlen. Bei Rentnern nimmt die Überschuldung drastisch zu. Die Zahl der überschuldeten Rentner über 70 Jahre ist innerhalb eines Jahres um 45 Prozent gestiegen.[36]

Außer unter der enttäuschenden Lohn- und Einkommensentwicklung leiden die Beschäftigten in Deutschland unter einer besonders hohen Steuer- und Abgabenlast.

Auch die OECD[37] bescheinigt Deutschland ein ungerechtes Steuersystem, das vor allem die niedrigen und mittleren Einkommen stärker belastet als die Besserverdienenden und

---

[35] Der Europäische Stabilitätsmechanismus (ESM) ist eine internationale Organisation mit Sitz in Luxemburg. Er wurde gegründet, um überschuldete Mitgliedstaaten der Eurozone durch Kredite und Bürgschaften zu unterstützen, um deren Zahlungsfähigkeit zu sichern.
[36] Süddeutsche Zeitung: Fünf unerwartete Fakten zur Verschuldung der Deutschen – Schuldneratlas, 14.11.2019.
[37] Die Organisation für wirtschaftliche Zusammenarbeit und Entwicklung (OECD) ist eine internationale Organisation mit 36 Mitgliedstaaten, die sich der Demokratie und Marktwirtschaft verpflichtet fühlen.

Reichen. Nach dieser Studie befindet sich der überwiegende Teil der arbeitenden Bevölkerung auf der Verliererseite dieses Steuersystems.

Zitat der Zeitung »Die Welt«:

»*Deutsche Steuerlast ist ›Weltspitze‹, doch die Infrastruktur verfällt*«

Im Gegensatz zu den Realeinkommen liegt Deutschland bei Steuern und Abgaben mit Belgien an der Spitze.

Ein gerechteres Steuer- und Abgabensystem ist von den politisch Verantwortlichen anscheinend nicht gewollt und auch nicht angedacht, obwohl die Diskrepanz zwischen Reallohnentwicklung und Steuer- und Abgabenlast frappierend ist.

Bei der Rente können wir das gleiche Dilemma beobachten. Wer im Niedriglohnsektor arbeitet, wird auch im Alter bei der Rente arm bleiben und auf der Verliererseite stehen. Das Rentensystem lässt keine andere Entwicklung zu, da die Rente sich zu stark nach der Höhe der Beitragszahlungen richtet. Geringverdiener bekommen auch im Alter wenig Rente. Unabhängig davon, wie lange jemand gearbeitet hat und wie schwer seine Arbeit war.

Auf der Vermögensseite sieht es leider auch nicht besser aus. In der Statistik stehen die Deutschen im Vergleich zu ihren europäischen Nachbarstaaten hinsichtlich Privatvermögen wie auch Wohneigentum an letzter Stelle.

Die wirtschaftspolitische und gesellschaftliche Entwicklung in Deutschland ist im Hinblick auf die Vermögensverteilung besorgniserregend.

Der Sozialstaat übernimmt zunehmend mehr Leistungen, die zum Teil in die Verantwortung der Unternehmen gehören. Daran erkennt man den Unterschied zwischen einem Sozialstaat und einem sozialen Staat mit einer echten sozialen Markt-

Belastung des Bruttolohns mit Steuern und Sozialbeiträgen[38]

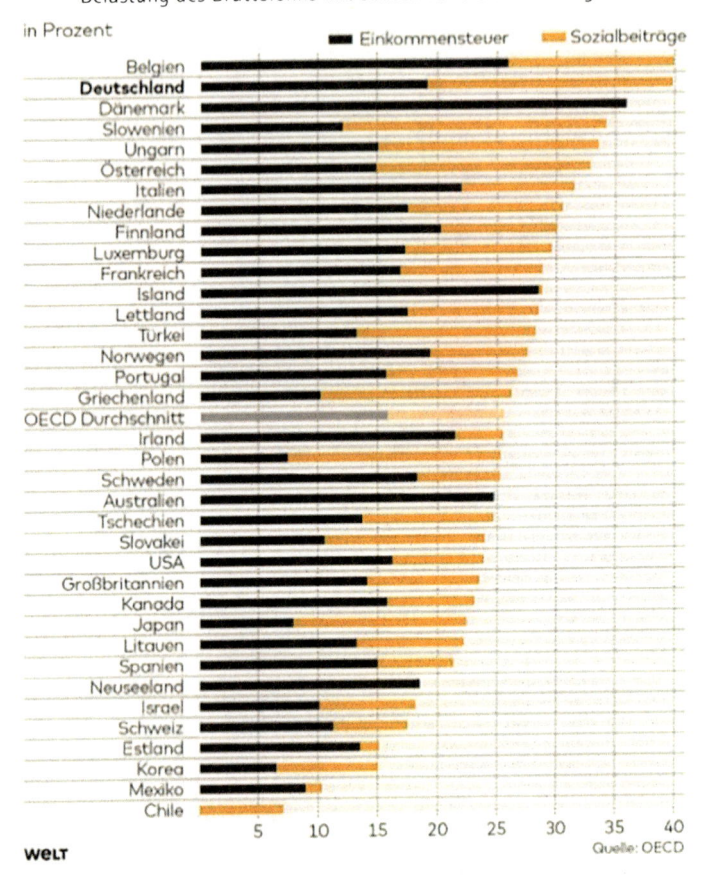

(Diagramm: Einkommensteuer und Sozialbeiträge in Prozent nach Ländern, Quelle: OECD / WELT)

wirtschaft. Einkommensaufstockungen bei Vollzeitarbeit oder Wohngeld trotz Vollzeitarbeit, Niedriglöhne, die eine Rücklagenbildung verhindern, sowie Rentenaufstockungen nach einem langen Arbeitsleben oder der Wegfall von Betriebsrenten sind eindeutige Indizien dafür, dass sich hier etwas in die falsche Richtung entwickelt hat.

---

[38] Vgl. Die Welt: Deutsche Steuerlast ist ›Weltspitze‹ – doch die Infrastruktur verfäll«, 11.04.2019.

Vergleich der Durchschnittsvermögen der Haushalte innerhalb der Euro-Zone in Euro: »Deutsche belegen beim Vermögen den letzten Platz«.
Quelle: EZB-Studie, veröffentlicht in »Die Welt« am 09.04.2013

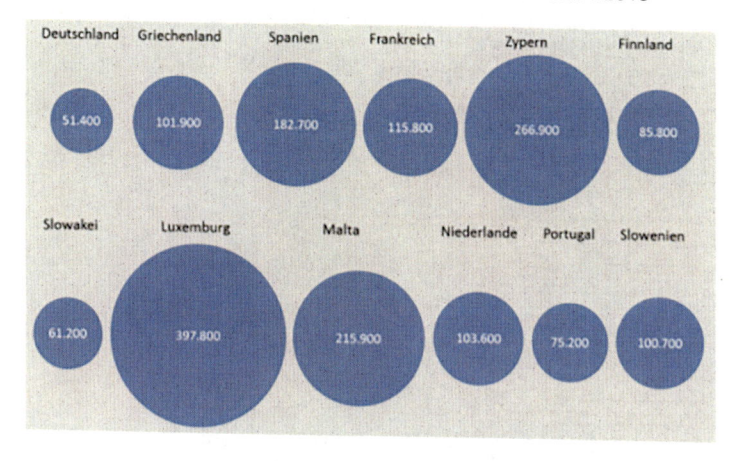

Deutschland	51.400
Griechenland	101.900
Spanien	182.700
Frankreich	115.800
Zypern	266.900
Finnland	85.800
Slowakei	61.200
Luxemburg	397.800
Malta	215.900
Niederlande	103.600
Portugal	75.200
Slowenien	100.700

Auch beim Erwerb von Wohneigentum zeigt die Statistik, dass Deutschland seinen Bürgern nur wenig Anreiz bietet.

Deutschland hat sich zu einem Land der Mieter entwickelt, weil sich Eigentumswohnungen und Häuser nur noch wenige leisten können. Gestiegene Grundstückspreise, hohe Bau- und Baunebenkosten, steigende Auflagen sowie die unsichere berufliche Planungssicherheit erschweren den Menschen die Entscheidung für ein Eigenheim. Auf der anderen Seite bietet eine Wohnungsplanung mit einer Mietwohnung auch eine Perspektive für Familien mit geringen Einkommen. Menschen ohne Wohneigentum können in Deutschland bei Bedarf eventuell noch soziale Unterstützung durch den Staat in Anspruch nehmen.

Wohlhabende haben es natürlich leichter, Immobilieneigentum zu erwerben. Niedrige Zinsen machen den Erwerb für Investoren zudem interessant. Mit »Betongold« lässt sich vor allen Dingen in Ballungszentren viel Geld verdienen.

Wohneigentum in Deutschland und Europa.
Quelle: Statistisches Amt der Europäischen Union, 2010

Wohneigentumsquoten in Europa
Anteil der Bürger in eigenen vier Wänden

Rumänien	97%
Slowakei	90%
Ungarn	90%
Bulgarien	87%
Spanien	83%
Polen	81%
Tschechien	79%
Griechenland	77%
Portugal	75%
Finnland	74%
Belgien	72%
Italien	72%
Schweden	71%
Großbritannien	70%
Dänemark	67%
Niederlande	67%
Frankreich	62%
Österreich	57%
Deutschland	53%
Schweiz	44%
EU-27	71%

Quelle: Eurostat/LBS Research Grafik: infoch@rt.

Die Kapitalakkumulation in den Händen weniger Superreicher hat Ausmaße angenommen, die den sozialen Frieden in Deutschland gefährden. Grundlegende Reformen, eine andere Politik und eine gerechtere Wirtschaftsordnung wären nötig, um der immer größer werdenden Kluft zwischen Arm und Reich wieder entgegenzuwirken. Aber nichts dergleichen passiert.

Es fehlt die Vision einer mittelfristigen Zukunftsstrategie Deutschlands für eine Zeitenwende in der zweiten Phase der Energiewende und der dritten Phase der industriellen Revolution. Ebenso hat die Politik bis heute nicht das Narrativ, den Menschen glaubwürdige und verbindliche Alternativen aufzuzeigen, obwohl bereits der Ausstieg aus den verschiedenen bekannten Versorgungsanlagen beschlossen wurde. Falsche und unausgewogene Entscheidungen in der Wirtschafts- und Energiepolitik führen in weiten Teilen der deutschen Industrie zu Produktionseinbrüchen und zur Vernichtung ganzer Wirtschaftszweige. Folgenschwere Entscheidungen, die das Schlimmste erahnen lassen.

So setzt sich die Schwäche der Politik in der Wirtschaft fort, die es der Politik gleichtut. Derzeit wird die gesamte deutsche Automobilindustrie samt ihren Zulieferern planlos zerschlagen, ohne dass ein vernünftiges Konzept für eine Transformation der Autoindustrie in eine zukunftsweisende Mobilität entwickelt worden ist. Auch hier zeigt sich ein beängstigender Trend zu unausgereiften Entscheidungen, statt dass Politik und Industrie im Schulterschluss in gemeinsamen Anstrengungen und unter Abwägung aller Risiken die besten Entscheidungen für einen Übergang in eine neue emissionsfreie Automobilära mit sauberen Verbrennungsmotoren zu treffen.

Das Szenario einer Wirtschaftskrise zeichnet sich ab und die rasant zunehmenden Meldungen über massenhafte Entlassungen wollen nicht abreißen. Die arbeitende Bevölkerung wird der Verlierer dieser Entwicklung sein. Ist der Niedergang Deutschlands noch aufzuhalten? Es wäre ein Trugschluss, zu glauben, dass Politiker oder Medien solch gravierende Fehlentwicklungen zum Anlass nehmen, selbstkritisch und investigativ über Änderungen und dringende Reformen nachzudenken. Weit gefehlt!

Stattdessen vermitteln uns die Medien immer noch das Bild einer lupenreinen Wohlstandsgesellschaft, obwohl die Realität ein anderes Bild zeichnet. Ein Bild mit zunehmender Wohlstandsminderung und Altersarmut in weiten Teilen der Bevölkerung Deutschlands. Die Statistiken unabhängiger

Organisationen zeigen klar, dass Deutschland in der Reallohnentwicklung, Belastung des Bruttolohns und im Vergleich der Durchschnittsvermögen der Euro-Staaten in den letzten Jahren fast immer die letzten Plätze belegt. Offensichtlich eine Folge falscher politischer Entscheidungen.

Sich nur an Wunschdenken zu orientieren und vom reichen Deutschland zu träumen, heißt die Wahrheit zu verkennen, denn Wunschdenken und Realität klaffen in Deutschland immer weiter auseinander. »Die Deutschen erwachen langsam aus der Illusion der Wohlstandsgesellschaft und müssen aufpassen, dass ihnen das Pathos vom reichen Deutschland nicht auf die Füße fällt«, so die »Neue Zürcher Zeitung« in einem Gastkommentar. Statt die Steuergelder in die dringend notwendige Sanierung der Infrastruktur des Landes zu investieren, zeigt der deutsche Politiker lieber der Welt seine Großzügigkeit durch finanzielle Hilfe mit der Standardformel: »Wir sind ein reiches Land, wir können uns das leisten!«[39]

Können sich die Deutschen wirklich diese Großzügigkeit noch immer leisten, wenn zunehmend der Verfall von öffentlichen Gebäuden und Infrastruktur sowie ein Wohlstandsverlust und die Ausbreitung der Armut in weiten Teilen der Gesellschaft beklagt werden? Dabei sollte doch Bestreben der politisch Verantwortlichen sein, einerseits den Wohlstand ihrer Bevölkerung zu mehren und sie vor dem sozialen Abstieg zu bewahren und andererseits für den Industriestandort Deutschland die richtigen ökonomischen und ökologischen Zukunftsentscheidungen zu treffen. Denn Wohlstand schaffen heißt wirtschaftliche Dynamik und sozialen Ausgleich verbinden.

---

[39] Vgl. NZZ: Armer Leuchtturm – Deutschland erwacht aus der Wohlstands-Illusion, 16.04.2020.

Von der Vision eines gerechteren Steuersystems

Die Bundesrepublik Deutschland benötigt wie viele andere Staaten auch Steuereinnahmen, um die öffentlichen Leistungen des Staates finanzieren zu können. Alle Bürger und Unternehmen sollten daher zur Finanzierung der Infrastruktur des Landes und zur Konsolidierung des Haushalts beitragen. Die Steuern sind eine Geldleistung gegenüber dem Staat ohne Anspruch auf Gegenleistung und Zweckbindung. Das führt natürlich auch zu Ausgaben, die von der Bevölkerung als Geldverschwendung angesehen und zu Recht vom Bund der Steuerzahler in seinem Schwarzbuch als öffentliche Verschwendung kritisiert werden.

Es muss immer wieder festgestellt werden, dass der Wille zur Haushaltskonsolidierung nicht sehr ausgeprägt ist, denn jährlich werden immer noch Milliarden von Steuergeldern unsinnig vergeudet ohne ernsthafte Konsequenzen für die Verursacher. Es ist halt nicht das eigene Geld, das verschleudert wird, sondern das Geld der Steuerzahler und das lässt sich natürlich leichter ausgeben. Und wenn die Steuergelder nicht ausreichen, werden halt zusätzlich Steuern erhöht oder neu erdacht. Darin sind sich die Parteien stets ziemlich einig und in ihrer Denkweise gleich.

Steuern werden in Deutschland als Abgabe dem Steuerpflichtigen ohne Rücksicht auf seinen möglicherweise entgegenstehenden Willen auferlegt. Der Steuerzahler hat keine Möglichkeit des Einspruchs und auch keinen Einfluss darauf, wofür die Gelder ausgegeben werden.

Beim Vermögenszuwachs und Wohneigentum belegen die Deutschen im Vergleich zu ihren europäischen Nachbarn stets die letzten Plätze, aber bei Steuern und Abgaben sind sie Weltspitze.

Die bereits erwähnte OECD-Studie aus dem Jahr 2005 zeigte auf, dass in Deutschland bei Gering- und Durchschnittsverdienenden eine Steuer- und Abgabenlast erreicht wurde, die noch heute so hoch ist wie in kaum einem anderen Land. Die Deutschen sind Weltmeister in der Disziplin Steuereinnahmen. Wenn der deutsche Staat einen Steuerüberschuss von über 60 Milliarden in 2017 und über 50 Milliarden in 2018 erzielt hat[40], wird das lobend erwähnt, als müsse man noch stolz darauf sein. Nüchtern betrachtet heißt das jedoch, dem Steuerzahler wurde so viel Geld abgenommen wie niemals zuvor in der Geschichte der Bundesrepublik Deutschland. Das noch zu loben, ist absurd und wie ein Schlag ins Gesicht seiner Bürger.

In einer Zeit, in der die Schere zwischen Arm und Reich immer weiter auseinander geht, in der die Reichen immer reicher werden und weite Teile der Bevölkerung unter die Armutsgrenze absinken, muss daher über ein gerechteres Wirtschafts- und Steuersystem nachgedacht werden.

1998 gehörten der unteren Einkommenshälfte der deutschen Bevölkerung noch drei Prozent des Privatvermögens, also Häuser, Grund und Boden, Aktien und anderes Geldvermögen. Wohlgemerkt drei Prozent! Heute ist der Anteil auf etwa ein Prozent geschrumpft.

Ist es von der Politik so gewollt, dass eine Handvoll Superreicher am Ende das ganze Volksvermögen für sich beansprucht und der größte Teil der Bevölkerung kaum noch Vermögen besitzt und damit in die Abhängigkeit dieser Superreichen gerät? Warum ist unser Steuersystem so ungerecht

---

[40] Vgl. destatis, Pressemitteilung Nr. 134 vom 5.4.2019.

und warum werden Bürger mit hohen privaten Einkommen steuerlich so begünstigt? Fehlt diesem System das Korrektiv?

Die Steuergerechtigkeit fordert eine Besteuerung nach Leistungsfähigkeit der Steuerzahler und nach der Höhe ihrer Einkommen. Entspricht dieser Grundsatz noch der Realität in Deutschland? Das kann mit einem klaren »Nein« beantwortet werden. Einkommen aus Kapitalerträgen werden in Deutschland zum Beispiel, unabhängig von ihrer Höhe, mit einem festen Steuersatz von 25 Prozent versteuert, während der Steuersatz für Arbeitslohn bereits bei geringen Einkommen darüber liegt und ab 55.961 Euro Jahreseinkommen sogar mit dem Spitzensteuersatz von 42 Prozent besteuert wird.[41] Hat das Arbeiten in Deutschland an Stellenwert verloren oder warum wird die Arbeit im Gegensatz zu Kapitalerträgen steuerlich benachteiligt? Oder hat es gar System, dass die Einkommen aus Arbeitsleistung hoch und die Einkommen aus Kapitalanlagen vergleichsweise niedrig besteuert werden?

Anscheinend ist es so, denn wer einen hohen Kapitalertrag hat, wird im jetzigen deutschen Steuersystem gegenüber einem durchschnittlich verdienenden Arbeiter oder Angestellten steuerlich begünstigt. Frei nach dem Evangelium nach Matthäus, Kapitel 25, Vers 29: »Denn wer hat, dem wird gegeben, und er wird im Überfluss haben; wer aber nicht hat, dem wird auch noch weggenommen, was er hat.«

Es ist schon erstaunlich, mit welchem Rechtsempfinden unsere Politiker solche Steuergesetze verabschieden. Kapitalertrag setzt ja voraus, dass die Empfänger der Kapitalerträge schon Kapital besitzen, was ja auch wünschenswert ist. Aber dafür müssen sie bei hohen Kapitalerträgen nicht noch zusätzlich gegenüber dem Einkommen der Lohnempfänger begünstigt werden.

---

[41] Der Spitzensteuersatz für 2019 liegt in der Zone von 55.961 Euro bis 265.327 Euro bei 42 Prozent. Erst ab einem Einkommen in Höhe von 265.327 Euro beträgt der Höchststeuersatz dann 45 Prozent für jeden weiteren Euro.

Es geht auch hierbei nicht darum, den Reichen etwas wegzunehmen, sondern darum, ein gerechteres Steuersystem für alle Steuerzahler im Sinne einer Gleichbehandlung einzuführen. Warum verständigen sich die politisch Verantwortlichen nicht auf eine lineare Besteuerung der privaten Einkommen, bei der ein Spitzensteuersatz wirklich erst bei einem Spitzeneinkommen angesetzt wird, das weit höher über dem derzeitigen Jahresbruttoeinkommen von 55.961 Euro liegt und damit auch einem Spitzensteuersatz entsprechen würde? Die Forderung nach einer angemessenen Besteuerung der Topverdiener wird immer wieder diskutiert, aber bis heute leider ohne Ergebnis. In einem gerechteren Steuersystem könnten alle privaten Einkünfte ausnahmslos einer linearen Gleichbesteuerung unterliegen. Das würde das Steuersystem vereinfachen, den viel gescholtenen Mittelstandsbauch beseitigen und zu mehr Steuergerechtigkeit beitragen.

Das heutige deutsche Steuersystem ist außerordentlich kompliziert und hat so viele Schlupflöcher, dass die Großverdiener, gemessen an ihrem Einkommen, prozentual weit weniger Steuern zahlen als der Durchschnittsverdiener gemessen an seinem Lohneinkommen.

Wo bleibt da die Gleichbehandlung? Laut dem deutschen Grundgesetz Art. 3 Abs. 1 sollen alle Bürger vor dem Gesetz gleich sein, aber offenbar nicht vor den Steuergesetzen.

Zurzeit wird mal wieder über eine Steuererhöhung nachgedacht. Um die Vermögenden und Besserverdienenden mit einzubeziehen, wollte die Politik den Spitzensteuersatz auf 45 oder 49 Prozent erhöhen. Dem Bürger wird dabei suggeriert, dass es darum ginge, die Besserverdienenden und Reichen stärker am Steueraufkommen zu beteiligen. Dem ist aber nicht so, denn dann müsste es in erster Linie um die Höhe der zu versteuernden jährlichen Privateinkommen gehen. Belässt man das zu versteuernde Jahreseinkommen bei 55.961 Euro und erhöht nur den prozentualen Steuersatz auf 45 oder 49 Prozent, trifft diese Belastung nicht die hohen Einkommen, sondern wie bisher wieder die bereits hoch besteuerte Mittelschicht und auch die Geringverdiener. Das würde an diesem ungerechten Steuersystem nichts verändern.

Wenn man die hohen Einkommen stärker besteuern möchte, ohne die niedrigen und mittleren Einkommen ebenfalls weiter zu belasten, müssen unabhängig vom prozentualen Steuersatz die Einkommensgrenzen drastisch erhöht werden. Vorstellbar wäre hier ein Jahresbruttoeinkommen von 150.000, 250.000 oder 350.000 Euro, bei dem der Spitzensteuersatz angesetzt wird. Hierbei ist die Höhe dieses prozentualen Steuersatzes weniger relevant und dient nur als Stellschraube. Dies ist kein revolutionärer Ansatz, wenn man bedenkt, dass der Spitzensteuersatz schon 1958 umgerechnet bei 56.263 Euro lag. Also da, wo er heute liegt. Nur konnte man sich zu dieser Zeit von diesem Einkommen 30 VW Käfer kaufen. Heute bekommt man für den gleichen Betrag gerade einmal 2 VW Käfer (Beetle). Wenn man nun eine reale jährliche Inflationsrate von 2,5 Prozent unterstellt, wäre man heute im Vergleich zu 1958 bei einem zu versteuernden Jahreseinkommen von über 250.000 Euro. Vom Gefühl her ein zu versteuerndes Jahreseinkommen, das in der Höhe für einen Spitzensteuersatz passender und gerechter wäre. Mit einer linearen Besteuerung bis 250.000 Euro könnten niedrigere Arbeitseinkommen in gleichem Maße entlastet werden und damit könnte der Gesetzgeber zu einer gerechteren Besteuerung beitragen. Es stellt sich die Frage, warum bis heute die starken Schultern immer weiter entlastet und die schwachen immer mehr belastet wurden. Aber dazu schweigt des Kaisers Höflichkeit.

Ein weiterer Schritt zur Steuerharmonisierung und zu mehr Steuergerechtigkeit wäre ein einheitliches Steuersystem für alle privaten Einkommen, unerheblich ob diese aus Lohn für Arbeit oder aus Kapitalerträgen oder anderen Quellen stammen. Es wäre ein wichtiges Instrument, die soziale Spaltung zu mindern und gleichzeitig eine Entlastung der unteren und mittleren Einkommen herbeizuführen. Damit würde man ohne eine direkte Steuersenkung die unteren Einkommen und die gesamte Mittelschicht entlasten, wie wir es in der Bundesrepublik Deutschland noch nie erlebt haben.

Eine solche einheitliche Steuertabelle, in die alle privaten Einkommen mit einfließen und gleichermaßen besteuert werden, könnte wie folgt aussehen:

Steuertabelle für alle privaten Einkünfte. *Quelle: Bundespartei Die Reformer*

Grenzsteuersatz in Prozent	Jahreseinkommen in Euro (brutto)	Grenzsteuersatz in Prozent	Jahreseinkommen in Euro (brutto)
0	< 10.000	32	70.000
14	10.000	33	75.000
15	12.000	34	80.000
16	14.000	35	85.000
17	16.000	36	90.000
18	18.000	37	95.000
19	20.000	38	100.000
20	22.000	39	110.000
21	24.000	40	120.000
22	26.000	41	130.000
23	28.000	42	140.000
24	30.000	43	150.000
25	35.000	44	160.000
26	40.000	45	170.000
27	45.000	46	180.000
28	50.000	47	190.000
29	55.000	48	200.000
30	60.000	49	225.000
31	65.000	50	250.000

Wer soziale Ungleichheit und Armut bekämpfen will, muss vor allem Steuergerechtigkeit schaffen. Diese von der Partei DIE REFORMER vorgeschlagene Besteuerung aller privaten Einkommen würde sowohl der Forderung nach mehr Steuergerechtigkeit als auch der nach Vereinfachung des Steuersystems gerecht werden.

In den nachfolgenden Grafiken sind die derzeitigen unterschiedlichen Besteuerungen von Lohneinkommen und Kapitalerträgen sowie eine neue, gerechtere Einkommensbesteuerung durch eine lineare Gleichbesteuerung aller Privateinkünfte als die bessere und gerechtere Variante dargestellt.

Grenzsteuersätze der ESt 2019 und Abgeltungssteuer
Quelle: bundesfinanzministerium.de

45% ab 265.327 Euro
42% ab 55.961 Euro
die Abgeltungssteuer wird unabhängig vom Gesamteinkommen erhoben
24% ab 14.255 Euro
14% ab 9.169 Euro

—— Einkommensteuer 2019
---- Abgeltungssteuer seit 2009

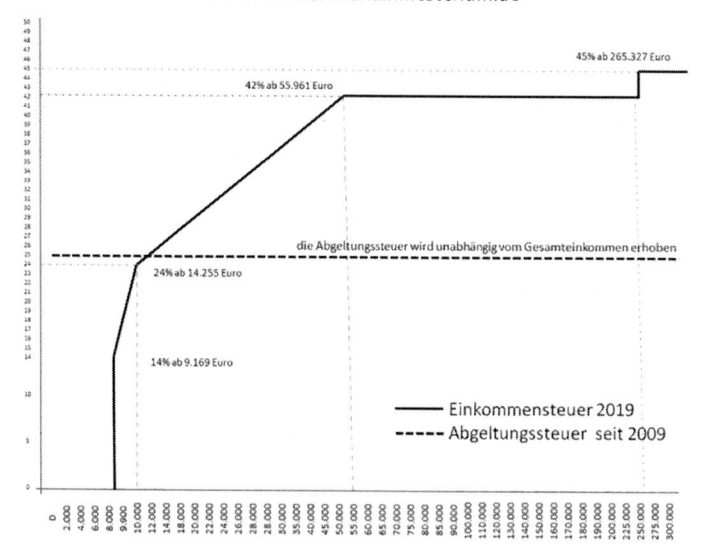

Vergleich zur Gleichbesteuerung aller privaten Einkünfte
Quelle: Bundespartei Die Reformer

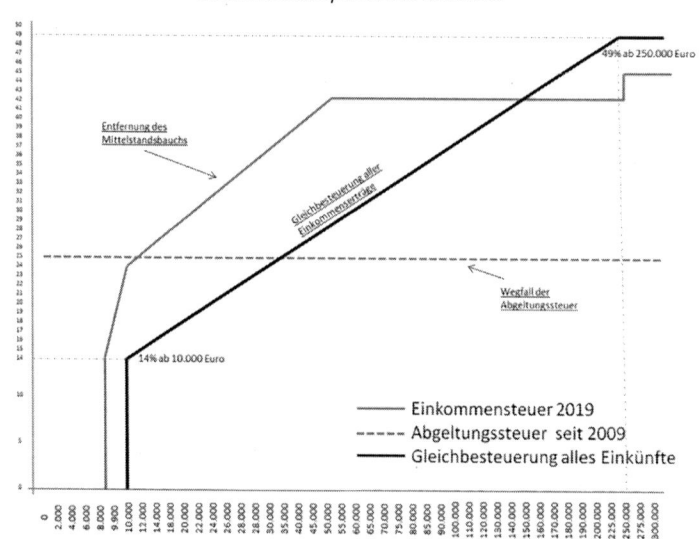

49% ab 250.000 Euro
Entfernung des Mittelstandsbauchs
Gleichbesteuerung aller Einkommensarten
Wegfall der Abgeltungssteuer
14% ab 10.000 Euro

—— Einkommensteuer 2019
---- Abgeltungssteuer seit 2009
—— Gleichbesteuerung alles Einkünfte

Auswirkungen eines gerechteren Steuersystems mit steuerlicher Gleichbehandlung von Lohn- und Kapitaleinkommen
Quelle: : Bundespartei Die Reformer

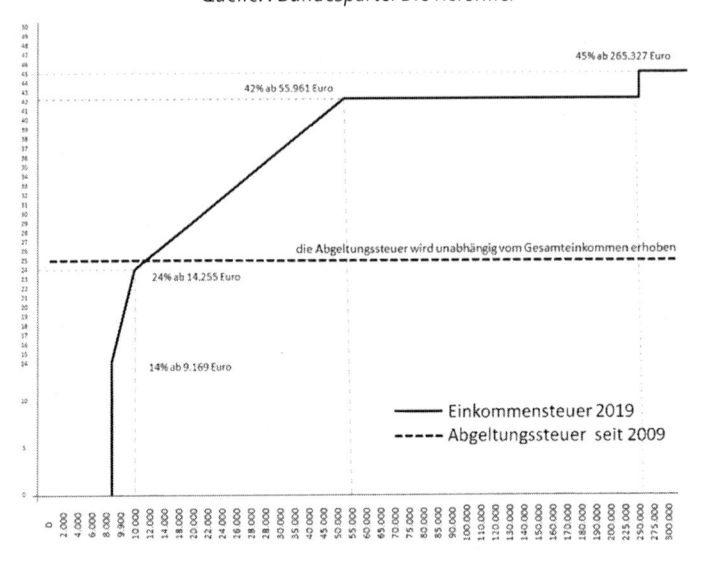

45% ab 265.327 Euro
42% ab 55.961 Euro
die Abgeltungssteuer wird unabhängig vom Gesamteinkommen erhoben
24% ab 14.255 Euro
14% ab 9.169 Euro

— Einkommensteuer 2019
---- Abgeltungssteuer seit 2009

Erläuterung der letzten Grafik:

Status quo: Übersteigt das Einkommen den Grundfreibetrag, beginnt die Besteuerung mit einem Eingangssteuersatz von 14 Prozent. Da die Einkommensteuer einen linear-progressiven Belastungsverlauf aufweist, steigt mit jedem zusätzlich verdienten Einkommenseuro der Steuersatz an (graue Linie). Der Spitzensteuersatz beträgt 42 Prozent und wird bei einem Jahreseinkommen von 55.961 Euro erreicht. Ab einem Einkommen von 265.327 Euro greift dann noch der sogenannte Reichensteuersatz von 3 Prozent und summiert sich somit auf einen Steuersatz von 45 Prozent.

Erträge aus Kapitalvermögen werden unabhängig von ihrer Höhe ab einem Freibetrag prinzipiell mit 25 Prozent Abgeltungssteuer besteuert (graue gestrichelte Linie). Ein linearprogressiver Belastungsverlauf wie bei Lohneinkommen ist hierbei nicht vorgesehen.

Der Vorschlag: Die schwarze Linie zeigt den beschriebenen Alternativvorschlag für eine gerechtere Besteuerung. Im Gegensatz zum derzeitigen aktuellen Höchststeuersatz von 42 Prozent schon ab 55.961 Euro und einer Abgeltungssteuer von 25 Prozent auf Kapitalerträge werden hier alle privaten Einkommen zusammengenommen. So kommt man zu einer einheitlichen linear ansteigenden prozentualen Gleichbesteuerung für alle Einkommen bis zu einem Steuersatz von beispielsweise 49 Prozent, der sich jedoch erst ab einem Gesamteinkommen von 250.000 Euro einstellt (schwarze Linie). Kapitalerträge werden hierbei genauso besteuert wie andere Einkommen auch. Damit würde der Mittelstandsbauch beseitigt. Eine einheitliche Besteuerung aller Einkommen bedeutet eine Vereinfachung der verschiedenen Steuerarten und bringt eine Steuerharmonisierung für alle Steuerzahler durch ein gerechteres Steuersystem, das den Mittelstand entscheidend entlastet.

Wichtig ist aber auch, dass die Parlamentarier und Regierungen solide haushalten und verantwortungsvoll mit den Steuergeldern umgehen und die Bürger nicht durch ständige Steuererhöhungen und Abgaben überfordern. Ob die gesamte Steuerlast zu hoch oder zu niedrig ist, darüber lässt sich streiten. Der Staat sollte primär für die Sicherheit seiner Bürger und den Erhalt von öffentlicher Infrastruktur und sozialen Einrichtungen sorgen. Dazu gehören neben den Verkehrs- und Kommunikationsnetzen alle Maßnahmen zur Daseinsvorsorge, Kitaplätze, Kindergärten, Ganztagsschulen, Bildung, Altenpflege usw.

Ausgaben wie Wahlgeschenke und Verschwendung von Steuergeldern ohne volkswirtschaftlichen Nutzen nach dem Gießkannenprinzip sollten nicht ohne Konsequenzen bleiben.

Das Fatale an der Steuer ist ihre ständige Anhebung. Keiner dreht die Steuerschraube wieder zurück. Der Staat erweckt den Eindruck, wie die Wirtschaftsunternehmen einem Gewinnmaximierungsziel zu unterliegen, und so glaubt auch er, die Steuereinnahmen ständig erhöhen zu müssen. Diese Zielsetzung ist aber falsch und seinem Auftrag nicht dienlich.

Anders als bei der privaten Besteuerung sieht es auf Unternehmensseite aus. Aber auch hier ist ein differenzierter Blick notwendig.

Reinvestitionen, die zur innovativen und zukunftsorientierten Arbeitsplatzbeschaffung und -sicherung dienen und einen volkswirtschaftlichen Nutzen haben, sollten einer besonderen Besteuerung und einem niedrigen Steuersatz unterliegen, der für Wachstum und Arbeitsplätze sorgen kann.

Was die Unternehmenssteuer für global agierende Konzerne betrifft, müsste endlich nach dem vollmundigen Versprechen der Europäischen Union und der führenden Industrienationen ein internationales Steuersystem eingeführt werden, das es den Unternehmen unmöglich macht, die einzelnen Länder gegeneinander auszuspielen.[42] Dies wäre eine der wichtigsten Voraussetzungen für eine Steuerharmonisierung innerhalb der EU-Staaten für global agierende Konzerne. Steuern sollten in dem Land erhoben werden, wo die Produktivität stattfindet und die Gewinne erwirtschaftet werden. Es darf nicht sein, dass international agierende Konzerne sich mit Tochterunternehmen weiterhin Niedrigsteuerländer aussuchen, um damit einer regulären Besteuerung zu entgehen. Eine Regelung hierzu ist längst überfällig.

---

[42] Vgl. Bericht der Bundesregierung über den G20-Gipfel in Hamburg: Zusammenarbeit in Steuerfragen (Base Erosion and Profit Shifting, BEPS) vom 7. bis 8. Juli 2017 und G7-Gipfel der Finanzminister in Chantilly, 17.7.2019.

Konzerne und Finanzkartelle müssen im Sinne einer Steuergerechtigkeit ihre Einkommen in dem Land versteuern, in dem sie beheimatet sind und ihren Sitz haben.

Die Politik muss bei aller Abwägung erkennen, dass nur durch ein gerechtes solidarisches Steuersystem die Prosperität Deutschlands und der soziale Frieden in der Gesellschaft gewahrt werden können. Im derzeitigen ungerechten Steuersystem ist eine deutliche Ungleichbehandlung festzustellen, die nach folgendem Leitspruch handelt:

»Wir sitzen alle im gleichen Boot,
aber rudern müssen immer die Gleichen.«

Die Mär von der Alterssicherung durch Rente

Die Einzahlung von Pflichtbeiträgen in die Rentenversicherung war in der Vergangenheit ein verlässliches Instrument, um den Altersruhestand zu sichern. Die Rentenversicherung basiert auf einem Umlageverfahren, das die eingezahlten Pflichtbeiträge, nicht für den jeweiligen Arbeitnehmer anspart, sondern sofort für die laufenden Rentenzahlungen an die jetzigen Rentner auszahlt. Eine Systemreform, die Konrad Adenauer damals gegen den Widerstand seines Wirtschaftsministers Ludwig Erhard installierte, der in dieser Rentenreform eine gefährliche Entwicklung zum Versorgungsstaat sah.

Damals zahlten noch fünf Arbeitnehmer für einen Rentner, 2010 waren es noch drei und 2030 werden voraussichtlich nur noch zwei Arbeitnehmer für einen Rentner in das Rentensystem einzahlen.

Mit der großen Rentenreform von 1957, die eine bruttobezogene Rente als Lebensstandardabsicherung zum Ziel hatte, wurde die Rentenversicherung auf eine Umlagefinanzierung nach dem Generationenvertrag umgestellt. Der Bundeszuschuss zur Rentenversicherung sank seit 1964 von knapp 25 Prozent bis 1990 auf etwa 15 Prozent. Nach 1972 dominierten in der Rentendiskussion die Leistungseinschränkungen. Geburtenrückgang, gestiegene Arbeitslosigkeit und steigende Lebenserwartung brachten das Verhältnis zwischen Beitragszahlern und Rentenempfängern unter dem Begriff »demografischer Wandel« in Schieflage. In der Zeit von 1982 bis 1989 traten immer wieder Finanzierungsprobleme auf, 1992 reagierte die Politik mit ersten Einschnitten, etwa mit der Umstellung von der Bruttolohn- auf eine Nettolohnentwicklung.

Erst mit zunehmender Finanznot der Rentenversicherung wurden weitere Rentenreformen vorgenommen, deren Rentenanspruch sich weit unter dem ursprünglich festgelegten Ziel von 75 Prozent des Nettolohns orientierte. Im RV-Nachhaltigkeitsgesetz von 2004 beschloss die damalige Bundesregierung die Absenkung des Rentenniveaus auf 43 Prozent. 2018 wurde mit der Modifizierung des § 154 Abs. 3 SGB VI das Rentenniveau, also das Verhältnis der Renten zu Löhnen, für die folgenden sieben Jahre bis 2025 geändert. In diesem Zeitraum darf das Rentenniveau 48 Prozent nicht unterschreiten.

Dass dieser Kompromiss für die deutschen Rentenempfänger nicht wirklich als Erfolg gewertet werden kann, zeigt der Vergleich zwischen den europäischen Mitgliedstaaten.

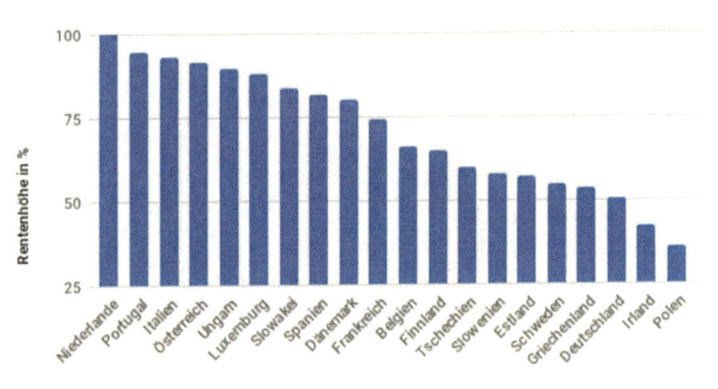

Rentenhöhe in der EU (bezogen auf das letzte Nettogehalt)
Quelle: Münchner Merkur vom 6.12.2017

Interessant ist hierbei wieder einmal, dass die führenden Plätze der Länder mit den höchsten Renten gemessen am letzten Nettogehalt neben den Niederlanden von Portugal und Italien besetzt werden. Ländern also, die aufgrund ihrer hohen Staatsverschuldung von der Gemeinschaft gestützt werden müssen.

Ein Schelm, wer Böses denkt und hier einen Zusammenhang sieht.

Der Rentenbeitrag in Deutschland wird kalkulatorisch nach den Annahmen der zu erwartenden Verpflichtungen berechnet und abgesehen von der Auszahlung versicherungsfremder Leistungen und staatlichen Zuschüssen nach dem Generationenvertrag an die Rentner ausgezahlt. Bei langem Leben erhalten Leibrentner mehr aus der Rentenkasse zurück, als sie eingezahlt haben. Hingegen erhalten die Rentner, die früher sterben, deutlich weniger zurück. Da die Lebenserwartung der Bevölkerung ständig steigt, müssen zwangsläufig auch die Leibrenten länger gezahlt werden.

Beim deutschen Rentensystem ist zu berücksichtigen, dass der Beitrag ab der gesetzlich festgelegten Beitragsbemessungsgrenze »gedeckelt« ist.[43] Das heißt, den monatlichen Rentenbeitrag von 18,6 Prozent in 2020 zahlen nur die Arbeitnehmer mit einem Jahresgehalt von bis zu 80.400 Euro. Für höhere Jahresgehälter sinkt der Beitragssatz, je höher das Einkommen ist.

In Deutschland und in anderen europäischen Ländern, die ebenfalls das Umlageverfahren nutzen, müssen wegen der Altersstruktur jedoch immer weniger junge Arbeitnehmer für immer mehr Rentner Rentenbeiträge entrichten.

Drohen die auf dem Generationenvertrag beruhenden Rentenauszahlungen die Rentenbeitragszahlungen zu übersteigen, entscheidet die Politik meist über eine Erhöhung der Beitragszahlungen oder über eine Senkung der Rentenhöhe.

Dieses System ist aus mehreren Gründen auf die Dauer nicht haltbar, weil sich die Altersstruktur weiter verändert und der demografische Wandel die Rente schrumpfen lässt.

---

[43] Im Kalenderjahr 2019 lag der Beitragssatz zur gesetzlichen Rentenversicherung weiterhin – wie bereits im Kalenderjahr 2018 – bei 18,6 Prozent bis zu einer Bemessungsgrenze von monatlich 6.700,00 Euro in den alten Bundesländern bzw. 6.150,00 Euro in den neuen Bundesländern.

Andererseits zahlen bestimmte Berufsgruppen nicht in dieses Rentensystem ein. Versicherungsfrei sind beispielsweise Beamte, die eine eigene Beamtenversorgung haben. Befreit sind aber auch Berufsgruppen, die eine eigene Versorgungseinrichtung besitzen, wie zum Beispiel die Ärzte, Apotheker, Richter, Architekten, Rechtsanwälte und Handwerker. Darüber hinaus können sich auf Antrag auch Selbstständige befreien lassen.

Ein solches System kann aber nur funktionieren, wenn solidarisch alle Berufsgruppen einzahlen. Die Schweiz ist hier ein gutes Beispiel, sie verzichtet sogar noch auf eine Höchstbemessungsgrenze. Hier sind die Rentenbeiträge weit niedriger, etwa nur halb so hoch wie in Deutschland, die Renten jedoch fast doppelt so hoch. Der ehemalige Schweizer Bundesrat Hans-Peter Tschudi[44] brachte dieses System auf den Punkt: »Der Millionär braucht die Rentenversicherung nicht, aber die Rentenversicherung braucht den Millionär.«

Am derzeitigen deutschen Rentensystem doktern Regierungen seit Jahrzehnten herum, um das System zu stabilisieren. Aber gebracht hat es wenig, denn es befindet sich nach wie vor in einer Dauerkrise.

Wann endlich wird man einsehen, dass dieses Rentensystem auf die Dauer weder aufrechtzuerhalten noch finanzierbar ist? Die ausgezahlte durchschnittliche Einzelrente lag 2017 bei 866 Euro monatlich, bei Frauen 690 Euro und bei Männern bei 1.083 Euro.[45]

Die Auszahlungen der Rentenversicherung an Rentner lagen 2017 bei 269 Milliarden Euro.[46] Dividiert man diesen Betrag durch 21 Millionen Rentner und zwölf Monate, errechnet sich eine Durchschnittsrente von 1.067 Euro. Zieht man

---
[44] Tschudi, Hans-Peter (1913–2002), war ein Schweizer Politiker.
[45] Vgl. Rentenversicherungsbericht der Bundesregierung von 2018 für 2017.
[46] Vgl. ebd.

davon die Miete und Krankenversicherung ab, heißt das für die große Mehrheit der Rentner, dass ihnen heute weniger als 500 Euro monatlich zum Leben bleiben, und sehr viele müssen mit 200 bis 300 Euro monatlich überleben.

So ist es kaum verwunderlich, dass immer mehr Rentner in Deutschland sich durch einen Minijob etwas dazuverdienen. Die Zahl der Menschen, die 65 Jahre und älter sind und einer geringfügigen Beschäftigung nachgehen, hat sich zwischen 2003 und 2017 auf über eine Million verdoppelt. Das geht aus einer Statistik der Bundesagentur für Arbeit hervor. Damit stellt die Altersgruppe 65 Jahre und älter mittlerweile den größten Anteil an den geringfügig Beschäftigten.[47]

Das derzeitige gesetzliche Rentenversicherungssystem führt demnach zu einer weit verbreitete Altersarmut. Der massive Ausbau von Minijobs, Teilzeitarbeit und die Erweiterung des Niedriglohnsektors führen zwangsläufig zu einer noch drastischeren Massen-Altersarmut.

Und das, obwohl die Rentenkasse jährlich knapp 100 Milliarden Euro »Bundeszuschuss« aus dem Staatshaushalt erhält. Ohne den Bundeszuschuss aus Steuern lägen die Renten etwa 25 Prozent niedriger. Ein Grund mehr, ein einheitliches Rentensystem für alle Berufsgruppen einzuführen, denn dieser Steuerzuschuss wird von allen gezahlt, auch von denen, die keine gesetzliche Rente aus diesem System erhalten.

Keine Frage, das derzeitige gesetzliche Rentensystem ist an der Grenze seiner Funktionsfähigkeit angelangt und fordert immer höhere staatliche Zuschüsse aus dem Staatshaushalt.

Der Zuschuss des Bundes zur Rentenversicherung ist der mit Abstand größte Posten im Bundeshaushalt. Er wird nach Expertenschätzungen voraussichtlich noch weiter von 94 Milliarden Euro im Jahr 2018 bis zum Jahr 2022 auf 110 Mil-

---

[47] Vgl. Merkur.de: Immer mehr Rentner haben Minijob, 26.7.18.

liarden Euro steigen.[48] Demnach benötigt das Rentensystem bereits über zwei Drittel der Ausgaben des Sozialbudgets.

Ist der demografische Wandel wirklich die Ursache für die gleichbleibenden Probleme des Rentensystems und die ständig sinkenden Renten? Ein Blick in die Statistiken zeigt, dass die Geburtenrate pro Frau von 1995 bis heute um 20 Prozent von 1,25 auf 1,5 Kinder gestiegen[49] und die Bevölkerung in Deutschland in den letzten acht Jahren ebenfalls um eine Million Menschen angewachsen ist.[50] Zudem ist es evident, dass durch die Zuwanderung der letzten Jahre überwiegend junge Menschen nach Deutschland eingewandert sind. Ein Kriterium, das sich positiv auf die Beitragszahler auswirken müsste. Für die These, dass die Rentenproblematik dem demografischen Wandel geschuldet ist, spricht lediglich, dass die Menschen in Deutschland in den letzten zehn Jahren durchschnittlich etwa zehn Monate älter geworden sind.[51]

Alle Veränderungen des Rentensystems, die ständigen Rentenreduzierungen und zuletzt die Erhöhung des Rentenalters von 65 auf 67 Jahre gingen in Deutschland immer zu Lasten der Bürger und Rentner. Einige Ökonomen fordern darüber hinaus sogar eine Erhöhung des Renteneintrittsalters auf 70 Jahre, trotz der Kenntnis, dass die meisten Menschen in den europäischen Nachbarstaaten deutlich früher in Rente gehen.

Ein Länder-Ranking vergleicht das Renteneintrittsalter in den europäischen Mitgliedstaaten.

Auch hier liegt Deutschland wieder auf dem letzten Platz.

Interessant wird dieser Aspekt insbesondere bei einem Blick auf die europäischen Rettungspakete und auch auf die Ausgleichszahlungen, die aus Solidarität gezahlt werden.

---

[48] Vgl. Frankfurter Allgemeine Zeitung: Bald fließen mehr als 100 Milliarden Euro in die Rente, 2.9.2018.
[49] Vgl. Quelle: Weltbank: World Development Indicators: Deutschland/Fruchtbarkeitsrate.
[50] Vgl. Bevölkerungsuhr Deutschland.
[51] Vgl. Quelle: Weltbank: World Development Indicators.

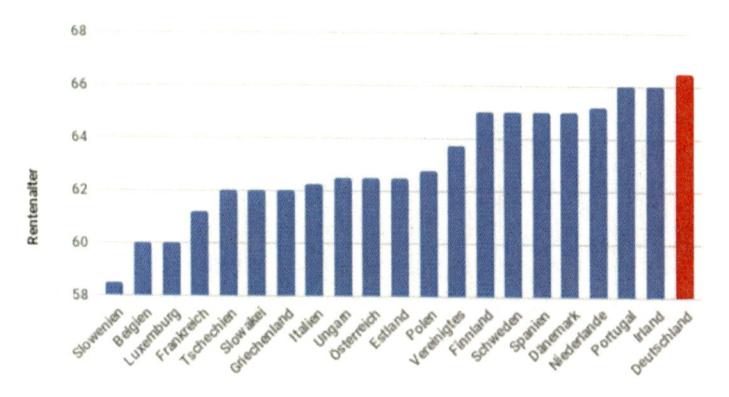

Renteneintrittsalter in der EU[52]
Quelle: Wirtschaftswoche

Es widerspricht den Verträgen von Maastricht und dem Gleichheitsprinzip der europäischen Gemeinschaft, dass die Menschen in einem Mitgliedsland länger arbeiten müssen, damit in einem anderen die Menschen früher in Rente gehen können.

Für das Funktionieren der Sozialsysteme und somit auch für das Rentensystem ist die Politik verantwortlich. Man sollte jedoch nicht erwarten, dass die Politik nur das Wohl der Bürger im Auge hat und die Sozialgesetze entsprechend reformieren würde. Vielmehr geht es Politikern auch um das Ansehen in der Welt. Man will sich großzügig zeigen und zahlt für viele Probleme dieser Welt, die jedoch mit Geld alleine nicht zu lösen sind. Für einen Großteil der Menschen in Deutschland verfestigt sich das Gefühl, dass für alle Welt ausreichend Geld da ist, aber nicht für die wachsenden Probleme im eigenen Land.

So wurden Griechenland und andere Südstaaten mit vielen Milliarden gestützt, die Banken mit zig Milliarden gerettet und Millionen von Flüchtlingen mit ihrem Familiennachzug

---

[52] Vgl. Wirtschaftswoche: Wann Europäer in den Ruhestand dürfen, 15.8.2017.

finanziert, aber um die Rentner vor der Altersarmut zu schützen oder ein starkes Rentensystem aufzubauen, ist kein ausreichendes Rentenbudget vorgesehen.

In einem solidarischen Rentensystem, in dem alle Berufsgruppen eingebunden wären und in dem auch noch auf eine Beitragsbemessungsgrenze verzichtet würde, könnte man die Rentenbeiträge halbieren und die Durchschnittsrente wie in der Schweiz verdoppeln. Dies sollte doch einmal eine Überlegung wert sein.

Das deutsche System baut auf die Geringverdiener und mittleren Einkommen und entlastet hingegen hohe Einkommen. Die Beitragsbemessungsgrenze, so wie sie in Deutschland angewandt wird, verhindert höhere Durchschnittsrenten und eine signifikante Senkung der Rentenbeiträge.

Die Rente kann nur durch eine grundlegende Reform der Rentenversicherung für die Zukunft gesichert werden. Halbherzige Maßnahmen und Flickschusterei helfen dabei nicht weiter, denn die Talsohle der Rentenreduzierung ist noch nicht erreicht. Irgendwann sollte auch der letzte Politiker verstehen, dass die bisherige Rentenversicherung durch ein neues Rentensystem ersetzt werden muss.

Ein Blick auf unsere Nachbarstaaten Österreich, Schweiz, die Niederlande und Dänemark zeigt ebenfalls, wie man es in einer solidarischen Gesellschaft gerechter und besser machen kann. Ein funktionierendes Rentensystem setzt die Solidarität aller Beteiligten voraus. Alle müssen in das Rentensystem einzahlen, egal welcher Berufsgruppe sie angehören. Auch, wie schon zuvor erwähnt Beamte, Unternehmer, Ärzte und Rechtsanwälte. In führenden Rentensystemen, wie in den Niederlanden und Dänemark, ergänzen verpflichtende Betriebsrenten das gesetzliche Rentensystem.

Zu einer gerechteren Rente gehört auch eine stärkere Berücksichtigung der Lebensarbeitszeit, damit die Lebensarbeitsleistung auch von Geringverdienern besser honoriert wird. Es darf nicht sein, dass Menschen, die ihr Leben lang gearbeitet haben, als Rentner in Armut leben müssen. Stattdessen sollten Rentner nach einer langen Lebensarbeitszeit mit einer angemessenen Rente ihren Lebensabend verbringen dürfen.

Dazu müsste über eine wesentlich stärkere Anhebung der Beitragsbemessungsgrenze oder gar über ihren Wegfall nachgedacht werden.

Die bisherige Rentenpolitik könnte man als fantasielos bezeichnen, denn bisher kannte man immer nur die beiden Stellschrauben Beitragserhöhung und Rentensenkung. Dabei würde man mit den beschriebenen notwendigen Veränderungen, wie einer starken Anhebung oder dem Wegfall der Beitragsbemessungsgrenze und der Ausweitung der Beitragszahler auf alle Berufsgruppen, ein gerechteres und erfolgreiches Rentensystem schaffen.

Darüber hinaus sollten die politisch Verantwortlichen ausreichend offen sein, um auch über alternative Rentensysteme nachzudenken.

Ein neuer Ansatz wäre, zu überlegen, welche festgelegte Rente nach einer bestimmten Lebensarbeitszeit erreicht werden kann, um ein sorgenfreies Leben im Rentenalter zu garantieren. Hierbei wird auf die Beitragsdauer und nicht auf die Beitragshöhe abgezielt. Ähnlich wie bei der gesetzlichen Krankenversicherung. Die Beiträge sind variabel bei gleichen Leistungen.

Ein weitergehendes Rentenmodell wäre ein neues, duales Rentensystem, das eine Basisrente als Grundsicherung mit einer beitragsbezogenen, kapitalgedeckten Rente kombiniert, wie es die Partei DIE REFORMER favorisiert. Ein duales Rentensystem, das auf eine Grundsicherung aufbaut und sowohl Rentenbeiträge als auch die Lebensarbeitszeit berücksichtigt. Voraussetzung sind hier ebenfalls gerechtere Beitragszahlungen durch eine drastische Erhöhung oder den Wegfall der Beitragsbemessungsgrenze. Auch dieses System würde eine angemessene Rente ermöglichen und die Fleißigen in Deutschland gleichermaßen belohnen.

Besserverdienende und Reiche haben darüber hinaus ausreichend Möglichkeiten, sich noch zusätzlich für das Alter abzusichern.

Wir leben in einer Zeit, in der die Millionäre zu Milliardären werden und die Renten der Arbeiter und Angestellten immer weiter gekürzt werden.

Wo bleibt der Aufschrei? Wie weit müssen die Renten noch sinken, bis die Bürger sich gegen diese Sozialpolitik zur Wehr setzen?

In Frankreich wehrte man sich radikal gegen die Rentenpläne von Präsident Emmanuel Macron[53]. Dabei ist Frankreich nicht das schlechteste Land für Rentner und eines der wenigen Länder in der OECD, in denen es den Rentnern hinsichtlich des Lebensstandards nicht schlechter geht als der Gesamtbevölkerung.[54]

Die Sicherung des Lebensstandards durch die Altersrente, wie sie von der Politik seit Jahrzehnten versichert wird, ist von der Wirklichkeit inzwischen widerlegt und die Altersarmut wird durch zu niedrige Renten in Zukunft zwangsläufig weiter zunehmen.

Bleibt zu hoffen, dass sich die Politik bald auf notwendige Reformen für ein tragfähiges und von allen Berufsgruppen akzeptiertes Rentensystem festlegt. Ein System, das nur von Schwachen getragen wird, ist für niemanden attraktiv.

---

[53] Macron, Emmanuel (geb. 1977), ist seit 2017 Staatspräsident von Frankreich.
[54] Vgl. Tagesschau.de: Wie ungerecht sind Macrons Pläne?, 24.1.2020.

Die Finanz- und Schuldenkrise und ihre Folgen für Europa

In Amerika verfolgte der damalige Notenbankchef Alan Greenspan seit Jahren eine Wirtschaftsstrategie des billigen Geldes, die es für jedermann möglich machte, Immobilien zu erwerben, ohne die nötige Sicherheit zu erbringen. Im Laufe der Jahre baute sich so eine Immobilienblase auf, die durch die laxe Darlehensvergabe der amerikanischen Banken begünstigt wurde. Als die US-Leitzinsen wieder stiegen, fielen die Häuserpreise und der Traum vom eigenen Haus löste sich vielerorts in Luft auf.

Bereits Ende 2006 konnten viele Amerikaner, die sich ein Eigenheim »auf Pump« gekauft hatten, ihre Raten nicht mehr bedienen. Im Extremfall hatten sie nicht mal einen Job und auch sonst keinen Besitz, um den Kredit abzusichern. Dies waren dann die sogenannten Ninja-Kredite: No income, no job, no asset (englisch für: kein Einkommen, keine Arbeit, kein Vermögen). Ihre Häuser mussten verkauft oder versteigert werden. Mit fortlaufender Krise blieben die Banken auf den Immobiliendarlehen sitzen, was zu einem Bankencrash führte.

Was 2007 auf Grund billigen Geldes und laschen Finanzgebarens der amerikanischen Banken als Immobilien- und Bankenkrise in Amerika begann, weitete sich rasch zu einer globalen Finanz- und Schuldenkrise aus. Im risikoreichen Geschäft mit dem Handel amerikanischer Immobilienkredite an die Investmentbanken und Zweckgesellschaften wurden handelbare Finanzprodukte geschaffen, die als gesicherte Wertpapiere in Fonds gebündelt und weltweit verkauft wurden. Der Handel mit Derivaten und Angeboten von amerikanischen Banken mit lukrativen Zinsen ließ die Risiken zunächst vergessen.

Mit der Einführung des ersten Finanzförderungsgesetzes (FFG) 1989 und dessen Ergänzungen bis 2007 wurden in Deutschland den Spekulationen Tür und Tor geöffnet. Die Idee war, den Finanzplatz Deutschland zu stärken und bessere Voraussetzungen für Finanztransaktionen im globalen Markt zu schaffen. Es war ein Signal in die falsche Richtung mit fatalen Folgen, denn diese spekulativen Geschäfte mit Derivaten, Zertifikaten und Leerverkäufen sind sehr komplizierte Finanzinstrumente, die eigentlich nur von wenigen Finanzexperten richtig verstanden werden.

Der Wert dieser Derivate hängt von verschiedenen Faktoren ab, wie zum Beispiel von variablen Kursen und Preisen anderer Handelsgüter, die nicht immer kalkulierbar sind. Es wurde überall und vor allem in der Bankensparte spekuliert, ohne ausreichende Kenntnisse und erforderliches Wissen zu besitzen. Das traf leider auch auf die überwiegende Mehrheit der Verkaufsberater in den Banken zu. Besonders schwierig wird es, wenn es um die Regulierung der Schattenbanken[55] geht, die bankenähnliche Geschäfte betreiben, ohne eine Banklizenz zu besitzen. Sie unterliegen weder staatlichen Garantien noch einem Einlagenschutz. Schattenbanken handeln global in großem Stil mit hoch spekulativen Papieren und hohem Risiko. Das größte Problem ist jedoch ihre Intransparenz. Dass auch die Schattenbanken einer Regulierung bedürfen, darin sind sich Finanzaufseher und Politiker im Wesentlichen einig. Die Frage ist nur, wie?

Es bleibt zu hoffen, dass bald Instrumente gefunden werden, die eine Kontrolle und Transparenz der Schattenban-

---

[55] Eine Schattenbank ist ein Finanzunternehmen, das außerhalb des regulären Bankensystems im Rahmen der Finanzintermediation mit Aktivitäten wie Verbriefungstransaktionen und Wertpapierfinanzierungs-geschäften tätig ist.

ken möglich machen. Sollte man doch gelernt haben, dass die Profit- und Raffgier solcher Finanzkartelle keine Grenzen kennt. Aber auch die involvierten Banken in Deutschland sollten wissen, dass Kredite immer mit einem Ausfallrisiko behaftet sind und Banken bei Zahlungsschwierigkeiten ihrer Emittenten in große Schwierigkeiten geraten können. Übersteigen die Kreditausfälle das Eigenkapital der Bank, kann ihr die Geschäftserlaubnis entzogen werden und die Bank muss wegen Insolvenz abgewickelt werden.

Auch bei den Banken in Deutschland und Europa blühte der Investmenthandel mit amerikanischen Immobilienpapieren, bis die amerikanische Immobilienpleite Europa in eine tiefe Schuldenkrise stürzte.

Ihren ersten Höhepunkt erreichte diese Krise mit dem Zusammenbruch der Investmentbank Lehman Brothers und der Washington Mutual Bank im September 2008. Weitere Bankenpleiten und eine Wirtschaftskrise waren die Folge. Die wirtschaftlichen Verflechtungen der USA mit Europa waren aber so groß, dass sich die Finanzprobleme nicht mehr auf das Ursprungsland USA begrenzen ließen. So kam, was kommen musste, denn angelockt von hohen Gewinnerwartungen hatten die Banken in Deutschland und in vielen anderen Staaten der Eurozone enorme Summen in Papiere investiert, die letztlich nichts mehr wert waren. Die Folge war ein Liquiditätsproblem des Interbankenmarktes der Eurowährungszone, das sich aus zwei Gründen nicht mehr abwenden ließ. Erstens wollten keine Investoren diese Wertpapiere mehr kaufen, zweitens funktionierte die kurzfristige Finanzierung auch nicht mehr, da diese Wertpapiere am Geldmarkt keine ausreichende Sicherheit mehr darstellten.

Die verheerenden Auswirkungen veranlassten die Regierungen der westlichen demokratischen Staaten der Krise mit drastischen Maßnahmen und immensen Geldsummen entgegenzuwirken.

Auch die Ratingagenturen trugen durch ihre wohlwollenden und positiven Bonitätsbewertungen zu dieser Entwicklung bei.

Am 13. Oktober 2008 beschloss die Bundesregierung mit einem Bankenrettungsschirm, der fast 500 Milliarden Euro betrug, die deutschen Banken vor dem angeblich drohenden Kollaps zu bewahren. Es war übrigens das teuerste Gesetz in der deutschen Geschichte. Das deutsche Sorgenkind war die »Hypo Real Estate«, die immer wieder mit Milliardenkrediten und Garantiezusagen vor dem Untergang bewahrt wurde. Insgesamt pumpte der deutsche Staat 102 Milliarden Euro in die Bank, die daraufhin verstaatlicht wurde.[56] Um die in Schwierigkeiten geratenen Banken zu entlasten, bediente sich Deutschland in der Finanzkrise unter anderem des Bad-Bank-Konzepts, einer Auffang- und Abwicklungsbank, die als besonderes Kreditinstitut zur Aufnahme fauler Wertpapiere geschaffen wurde, sodass Dritte die Ausfallrisiken übernehmen konnten. In diesem Fall war es wie immer der deutsche Steuerzahler, der auch hier letztendlich für diese Bankenrettung geradestehen musste. Was die Bankenrettung in Deutschland tatsächlich gekostet hat, wurde von der Bundesregierung bis heute nicht mitgeteilt.

Vor der Krise war man vor allem in Amerika und den westlichen Industriestaaten noch in dem Glauben verhaftet, dass der Markt eine selbstreinigende Wirkung entwickeln und nicht marktkonforme Erscheinungsformen selbst regulieren würde, ohne gravierende Folgen für das Wirtschaftssystem zu hinterlassen. Man verließ sich darauf, dass der Markt es selbst richten würde und dass daher keine Wirtschaftskrise zu befürchten sei. Das war ein verhängnisvoller Irrtum, der ungeahnte Folgen haben sollte. Spätestens seit der Finanzkrise wissen auch die Experten, dass eine Regulierung durch den Markt ohne

---

[56] Vgl. Spiegel online: Milliarden-Verlust: Bund beteiligt sich an Hypo Real Estate, 28.3.2009.

unkalkulierbare Auswirkungen ein Irrglaube war. Damit hat sich die These, dass die Marktmechanismen eine selbstreinigende Wirkung haben und der Markt es selbst richten würde, als falsch erwiesen. Selbst Alan Greenspan[57], damals Chef der amerikanischen Notenbank und in dieser Zeit bekanntester Banker der Welt, musste zugeben, dass auch er diesem Irrglauben unterlegen war. Es gibt allerdings auch Menschen, die argumentieren, dass die Selbstregulierung des Marktes in der Finanzkrise durch das Eingreifen des Staates verhindert wurde und diese Regulierung daher erst gar nicht habe stattfinden können. Im Klartext heißt das, man hätte die Banken trotz unabsehbarer Folgen in Konkurs gehen lassen müssen. Ein Katastrophenszenarium mit möglicherweise unabsehbaren Folgeschäden. Die Auswirkungen wären unkalkulierbar gewesen und die Schäden vielleicht irreparabel für das Land und die Gesellschaft, einschließlich eines Staatsbankrotts. Zumindest wollte man dieses Risiko nicht eingehen und hat den Bürgern die Entscheidung mit der Aussage »Too big to fail« (deutsch: zu groß zum Scheitern) als systemrelevant und alternativlos verkauft.

Die Alternative, das Überleben der Banken dem Markt zu überlassen, jedoch die Einlagen der Bürger mit einem gleichermaßen großen »Einlagenrettungsschirm« abzusichern, wurde nicht in Betracht gezogen. Zumindest wäre damit ein »Weiter so« ausgeschlossen worden.

In Europa hatten sich die Euro-Staaten nach der Einführung der Gemeinschaftswährung entgegen den Vereinbarungen des Vertrags von Maastricht über die Maßen verschuldet. Eigentlich sollten die Schulden der öffentlichen Haushalte dem Bruttoinlandsprodukt (BIP) gegenübergestellt werden und die vereinbarten Kriterien nicht übersteigen.[58] Der Stabilitätspakt

---

[57] Greenspan, Alan (geb. 1926), war von 1987 bis 2006 Vorsitzender der US-Notenbank (Federal Reserve System).
[58] Vgl. Vertrag über die Europäische Union (Maastricht-Vertrag, 7.2.1992).

wurde von den Euroländern aber nicht eingehalten. Dabei verlangte der Vertrag von Maastricht zu Recht die Nachhaltigkeit der Konvergenz. Mehrere Eurostaaten hatten sich so verschuldet, dass sie ihren Zahlungsverpflichtungen als Schuldnerland nicht mehr nachkommen konnten und einem Staatsbankrott entgegensteuerten.

Man fühlte sich mit dem Euro als Währung in einer starken Gemeinschaft sicher, bis 2008 die Finanz- und Immobilienkrise der USA Europa erreichte und mit der Finanz- und Schuldenkrise den europäischen Bankensektor ins Wanken brachte. Als Griechenland nach einem Regierungswechsel 2009 den bis dahin verschleierten tatsächlichen Schuldenstand offenlegte, sahen sich die Institutionen der Europäischen Union im Verbund mit dem Internationalen Währungsfonds[59] (IWF) gezwungen einzugreifen.

Durch die Gemeinschaftswährung Euro wurde den Staaten die Möglichkeit genommen, durch eine nationale expansive Geldpolitik ihre Staatsschulden zu refinanzieren. Das heißt, die verschuldeten Staaten konnten nicht mehr wie bisher durch Abwertung der eigenen Währung geldpolitische Maßnahmen zur Schuldenregulierung ergreifen, um so beispielsweise dem Außenhandel und dem Tourismus wieder Schwung zu verleihen.

Inzwischen spricht man von einer Eurokrise, da die Gemeinschaftswährung in Europa als eigentlicher Verursacher angesehen wird. Deutschland hat bis jetzt die Krise einigermaßen gut überstanden, wenn man von dem enormen Schuldenberg einmal absieht. Die deutschen Staatsschulden betragen inzwischen über zwei Billionen Euro und von einem

---

[59] Der Internationale Währungsfonds (IWF) ist eine rechtlich, organisatorisch und finanziell selbstständige Sonderorganisation der Vereinten Nationen mit Sitz in Washington. Hauptaufgabe des IWF ist die Vergabe von Krediten an Länder ohne ausreichende Währungsreserven, die in Zahlungsbilanzschwierigkeiten geraten sind.

Abbau der Schulden ist Deutschland weit entfernt. Zunächst geht es in den kommenden Staatshaushalten darum, weniger Schulden zu machen. Das hängt aber inzwischen auch von der Entwicklung der europäischen Partnerländer ab, die Deutschland entgegen vertraglichen Vereinbarungen über die Rettungsschirme finanziell unterstützt. Die Behauptung mancher sogenannter Experten, dass Deutschland am meisten von der Gemeinschaftswährung profitieren würde, stimmt nur zum Teil und wird auch durch ständiges Wiederholen nicht richtiger. Diese Aussage zielt meist auf den deutschen Exportüberschuss, der jedoch unterschiedliche Gründe hat, die ambivalent zu beurteilen sind. Einerseits wurden durch die Einheitswährung deutsche Produkte im Export günstiger und stärker nachgefragt, während sich Produkte anderer Länder, insbesondere der südlichen europäischen Länder, verteuerten. Andererseits haben sich die deutschen Arbeitslöhne seit Einführung des Euro kaum verändert, während sie in anderen Mitgliedsländern signifikant gestiegen sind. Zudem muss man sich fragen, ob die großen mit Hermesbürgschaften abgesicherten Zahlungsverpflichtungen für die Exportschlager Fahrzeuge und Maschinen mit dem Qualitätssiegel »Made in Germany« jemals von den verschuldeten Ländern beglichen werden können.

Außerdem hat sich durch die Finanzverflechtungen global agierender Finanzkartelle die Eigentümerstruktur großer deutscher Unternehmen stark verändert. Ende 2017 hielten Investoren aus dem Ausland durchschnittlich über 50 Prozent der Aktien der Dax-Unternehmen und so flossen auch entsprechend die Dividenden ins Ausland – Tendenz steigend![60]

So muss man sich fragen, wer hat in Deutschland profitiert? Doch eher nur Wirtschaftsbosse, internationale Investoren und Finanzkartelle, während die Arbeitnehmer und der

---

[60] Vgl. Welt.de: Dax in ausländischer Hand, 26.4.2018.

weit größte Teil der deutschen Bevölkerung weniger davon profitieren konnten.

Die Vermögensstudie, nach der andere Euroländer private Zuwächse verzeichnen konnten, Deutschland dagegen nicht, ist im Kapitel »Reiches Land, arme Bürger« bereits eingehend beschrieben worden.

Staatsschulden und Privatvermögen sind zwei Paar Schuhe und können nicht gleichgesetzt werden, denn die meisten Eurostaaten konnten anders als Deutschland trotz steigender Staatsschulden ihre Privatvermögen dennoch vermehren.

Viele Bundesbürger haben das Gefühl, bewusst nicht richtig informiert zu werden und ahnen: Viele haben vom Euro profitiert, nur die deutsche Bevölkerung nicht. Die Deutschen fühlen sich daher zunehmend als Euro-Verlierer.

Sie fühlen sich in zweifacher Hinsicht benachteiligt. Zum einen mussten sie in der Zeit nach Einführung des Euro nicht nur Einkommenseinbußen hinnehmen, sondern auch noch weitere Belastungen wie die Absenkung des Rentenniveaus, die Rentenbesteuerung und die Erhöhung des Rentenalters auf 67 Jahre. Zum anderen tragen sie den Löwenanteil für die Rettung der Partnerstaaten. Hinzu kommen noch die Ablehnung der von der deutschen Bundesregierung zu Recht geforderten Schuldenbremse und die überfälligen Strukturveränderungen in einigen Euroländern.

Nach Ansicht der deutschen Bundeskanzlerin Angela Merkel gibt es keine vernünftige Alternative zur Schuldenbremse in den Mitgliedsländern, um die Verschuldung in der Eurozone zu begrenzen. Jedoch sollen die ungeliebten deutschen Steuerzahler die Staatsschulden dieser Länder zu einem großen Teil bezahlen. Da kann man schon den wachsenden Unmut der Bürger verstehen. Allerdings muss entgegen anderslautenden Meldungen der Medien wie etwa »Deutschland zahlt bei der Euro-Rettung für die anderen« konstatiert werden, dass Deutschland bisher nur einen geringeren Teil bezahlt hat, als die

Medien immer wieder suggerieren. Allerdings trägt Deutschland den größten Teil der Bürgschaften und hier kann man nur hoffen, dass aus diesen keine tatsächlichen Zahlungsverpflichtungen entstehen.

Insgesamt umfasst der Europäische Fiskalpakt mit sämtlichen Rettungspaketen ein Volumen von 1.849 Milliarden Euro. Im denkbar schlechtesten Fall entfielen davon auf die Bundesrepublik Deutschland 732 Milliarden Euro.[61] Eine kaum vorstellbare Summe. Wie so oft sind die veröffentlichten Informationen weder konkret noch umfassend, vielleicht weil die Wahrheit doch komplizierter ist, als es auf den ersten Blick erscheint.

Das Schuldenproblem sollte doch eigentlich von den einzelnen Ländern selbst gelöst werden. Die Transferunion, die entgegen den Europäischen Verträgen von Maastricht installiert wurde, überdeckt lediglich die Probleme. Eine Reduzierung des Schuldenbergs führt entgegen allen Einwänden nur über eine Schuldenbremse. Korruption und das unsolidarische Verhalten der Vermögenden, wie im Fall Griechenland[62], machen in einigen Staaten eine Schuldenreduzierung fast unmöglich. Aber ohne die Solidarität der Vermögenden in diesen Ländern werden die nationalen Krisen nicht bewältigt werden können.

Das Problem ist in fast allen hoch verschuldeten Ländern das gleiche. Die wohlhabenden Bürger bringen ihr Guthaben im Ausland in Sicherheit und die Einkommensschwachen und die in vielen europäischen Ländern sinkende Mittelschicht werden zur Kasse gebeten. Die Folgen sind, dass sich der Konsum verlangsamt, die Wirtschaft einbricht, die Krise sich verschärft und das Land zwangsläufig zusätzliche Schulden machen muss. Ein Teufelskreis. Dabei hätten die einzelnen

---

[61] Vgl. Weik, Matthias und Friedrich, Marc: Der größte Raubzug der Geschichte, 1.7.2013.
[62] Vgl. wiwo.de: Griechen bringen Geld ins Ausland, 25.6.2011.

Staaten Kapital genug, um ihre Krisen selbst zu bewältigen, wenn alle ihren Beitrag dazu leisten und die Politiker die richtigen Reformen dazu beschließen würden, und natürlich, wenn es die Netzwerke der Machteliten nicht gäbe.

Mit verschiedenen Rettungsschirmen unterstützte die Europäische Union zahlungsunfähige Mitgliedstaaten entgegen vertraglichen Vereinbarungen mit Krediten. Die Europäische Zentralbank half mit ergänzenden Stabilitätsmaßnahmen wie dem Ankauf von Staatsanleihen gefährdeter Staaten, denn ein Ausstieg eines Staates aus der Staatengemeinschaft war nicht vorgesehen und nicht gewünscht.

Dennoch ist die Finanz- und Schuldenkrise nicht überstanden und ihre Auswirkungen werden den Europäern noch lange erhalten bleiben.

Vor allem muss der Bankensektor im Euroraum reformiert werden, da die Banken in der Krise den Staat quasi erpresst haben und die Steuerzahler verschiedene Großbanken vor dem Zusammenbruch retten mussten.

Seit der Finanzkrise wurden zum Beispiel neue Regeln und Gesetze für den Finanzsektor gefordert, zu denen auch eine Spekulationssteuer gehören sollte, um Spekulationen einzudämmen. Es wird nach wie vor weiter spekuliert, als wäre nichts passiert, und in den Großbanken stapeln sich wieder Risikopapiere in Milliardenhöhe.

»Let's make Money« heißt weiterhin die Devise an den Börsen und Finanzplätzen. Neue Gesetze und Regulierungen, die zu mehr Transparenz und dem Verbot von Derivaten und Leerverkäufen führen sollten, sind längst überfällig und eine Rückbesinnung auf die Realwirtschaft wäre dringend notwendig.

Die Zentralbanken haben riesige Geldsummen aus dem Nichts geschaffen und zu immer niedrigeren Zinssätzen in das System gepumpt und damit Banken und Staaten vor dem Bankrott gerettet. Das billige Geld der Zentralbanken fließt jedoch zum großen Teil in den Spekulationskreislauf und nicht in den realwirtschaftlichen Kreislauf.

Inzwischen kommt von den etwa 90 Prozent des auf dem Planeten umlaufenden Geldes, das aus dem Nichts geschaffen wurde, fast nichts mehr bei den arbeitenden Menschen an.

Die Menschen fühlen sich von der Politik betrogen, da sie als Steuerzahler für die Fehler der Banken mit ihren Steuergeldern haften. Hinzu kommt, dass sie noch ständig neue Rettungsschirme der Europäischen Union mitfinanzieren müssen.

Die Folgen sind Unmut und Politikverdrossenheit, begleitet von der Furcht und Unsicherheit vor neuen Billionen schweren Rettungspaketen in künftigen Krisen, die in einer Inflation münden könnten. Das Beängstigende daran ist, dass die Zukunftsangst tatsächlich begründet ist, denn die Risiken für eine nächste weltweite Finanzkrise nehmen zu. Ob Europa die enormen Probleme bewältigen kann, ist mehr als fraglich. Die riesigen Geldmengen, die von den Zentralbanken in Umlauf gebracht werden, lassen bei den Bürgern die Angst vor einer neuen Krise wachsen. Wir können nur hoffen, dass die richtigen Entscheidungen getroffen werden, um ein weiteres Katastrophenszenarium zu vermeiden.

Der Glaube an den Wert des Geldes

»Geld regiert die Welt«,
»Geld spricht alle Sprachen«,

zwei Sprichwörter, die uns vor Augen führen, welche Wertschätzung die Menschen dem Geld beimessen. Und wenn Friedrich Nietzsche dazu sagt: »Geld ist das Brecheisen der Macht«, weist er auf den enormen Einfluss des Geldes auf die Gesellschaft, auf die Politik und deren politische Institutionen hin.

Wenn man heute von Geld spricht, stellt sich die Frage nach dem Wert des Geldes und womit dieses Geld gedeckt ist, oder ist unser Geld nur noch bedrucktes Papier ohne einen garantierten Gegenwert? Um Wert und Wertigkeit des Geldes zu unterscheiden, hier ein kurzer Hinweis. Die Geldscheine, die wir in Händen halten, sind nur wenige Cent wert, denn es ist nur bedrucktes Papier. Aber die Wertigkeit dieser Scheine richtet sich nach dem Tausch- oder Kaufwert, also nach dem, was man damit kaufen kann und was sich durch die Kaufkraft dieses Geldscheins messen lässt. Es ist das Tauschverhältnis zwischen Geld und Gütern oder Dienstleistungen. Heute werden Geldwerte meist mit virtuellem Geld von A nach B transferiert, ohne dabei Banknoten oder Münzen zu bewegen. Die Wertigkeit ist zur Glaubensfrage geworden.

Was ist Geld überhaupt und wie wichtig ist das Geld noch in einer Zeit der bargeldlosen Zahlungsweise mit Banküberweisungen oder Kartenzahlungen, in der Geld nur noch als Begriff für Buchungsvorgänge steht? Geld ist ein Zwischentauschmittel, das auf Grund allgemeiner Akzeptanz zum weiteren Tausch oder Kauf eingesetzt werden kann, um Waren oder Dienstleistungen zu erwerben. Es dient natürlich auch zum Ansparen von Geldwerten oder zur Tilgung von Schulden.

Zu Beginn des 20. Jahrhunderts bestand in vielen Ländern, so auch in Deutschland, der Wertstandard in einer feststehenden Menge eines Edelmetalls wie Gold und Silber. So zum Beispiel bei den Kurantmünzen, deren Edelmetallmenge dem Nennwert entsprach. Das heißt, der Edelmetallwert entsprach dem aufgedruckten Wert auf der Münze.

Papiergeld beruhte ursprünglich auf der Garantie, dieses Papiergeld jederzeit in Kurantmünzen, also in Edelmetall umtauschen zu können. Der Geldwert des Papiergeldes war so auch durch Edelmetalle wie Gold und Silber gedeckt und wurde daher auch akzeptiert.

Heute ist unsere Währung durch keine Werte mehr gedeckt und die westlichen Industriestaaten schieben gigantische Schuldenberge vor sich her, ohne sicher zu sein, jemals diese Schulden auf normalem Wege durch Haushaltskonsolidierung abbauen zu können.

Zu diesen Schulden kommen weitere Belastungen durch zunehmende Naturkatastrophen hinzu, zu deren Beseitigung der Staat weitere Milliarden Euro bereitstellen muss.

Das Fatale ist jedoch, dass diese enormen Schulden einem Vielfachen der realen Geldmenge entsprechen und daher auch nicht mit realem Geld beglichen werden können. Wir haben es hierbei mit Fiatgeld[63] zu tun, ungedecktem Papiergeld, staatlich verordnet und aus dem Nichts geschaffen.

Die deutschen Staatsschulden betragen inzwischen über zwei Billionen Euro, von deren Abbau wir weit entfernt sind. Zunächst geht es in den kommenden Staatshaushalten darum, weniger neue Schulden zu machen.

Bekommt Europa die Schuldenproblematik noch in den Griff oder droht eine weitere Eskalation der Eurokrise?

---

[63] Fiatgeld, (lat. fiat: »Es sei getan! Es geschehe! Es werde!«) ist ein Objekt ohne inneren Wert, das als Tauschmittel dient.

Zerfällt der Euro und wäre es besser, wieder zu nationalen Währungen zurückzukehren?
Wie und was sind die Auswirkungen des Schuldenproblems auf die Weltwirtschaft?
Steht uns eine Inflation oder eine Deflation über einen größeren Zeitraum bevor?
Fragen über Fragen, die letztendlich keiner so genau beantworten kann. Nur eines ist sicher, dass wir in einer Zeit der unsicheren Finanz- und Währungssysteme leben.
Dabei hatte man doch auf der Weltwährungskonferenz von Bretton Woods 1944 auf einen Neuanfang mit Währungssicherheit gesetzt. Noch vor dem Ende des Zweiten Weltkrieges wurden bei der Konferenz von Bretton Woods im US-Bundesstaat New Hampshire die Weichen für die Währungspolitik der Nachkriegszeit gestellt. Man wollte die Fehler der 30er Jahre nicht wiederholen und vereinbarte eine Weltwährungsordnung, in der man eine freie Konvertibilität der Währungen wieder herstellte. Allerdings mit einem festen Wechselkurssystem, das auf einem Gold-Devisen-Standard beruhte. Die Währung, so der Gedanke von Bretton Woods, sollte also durch den Goldwert gedeckt sein. Da die neue Ordnungsmacht USA über die größten Goldvorräte verfügte, wurde der US-Dollar als neue Leitwährung eingeführt. Doch die schleichende amerikanische Inflation im Zusammenhang mit den Kriegen in Fernost bedeutete das Ende des Abkommens von Bretton Woods. 1971 wurde die Deckung der Währungen durch Gold aufgegeben und in Europa begann man in den EWG-Staaten ein europäisches Wirtschafts- und Währungssystem aufzubauen.
Bundeskanzler Helmut Schmitt[64] und Frankreichs Präsident Valérie Giscard d'Estaing[65] gründeten innerhalb der

---

[64] Schmitt, Helmut (1918–2015), war von 1974 bis 1982 der fünfte Bundeskanzler der Bundesrepublik Deutschland.
[65] D'Estaing, Valéry Giscard (geb. 1926), war von 1974 bis 1981 Staatspräsident von Frankreich.

Europäischen Gemeinschaft das Europäische Währungssystem (EWS), das 1979 in Kraft trat. Dies war der Versuch, alle beteiligten Währungen an einen festen Wechselkurs zu binden. Das war die Basis für die gemeinsame heutige Eurowährung. Es war allerdings zu diesem Zeitpunkt immer noch einfacher, aus dem Wechselkurssystem auszuscheiden, da die einzelnen Mitgliedstaaten noch immer ihre eigene Währung hatten.

Die gemeinsame Rechnungseinheit im Wechselkurssystem wurde der ECU. Da der Währungsname ECU für die kommende Währung der Europäischen Gemeinschaft einigen Mitgliedstaaten, vor allem den Deutschen, nicht zu vermitteln war, wurde 1998 auf Vorschlag des deutschen Finanzministers Theo Waigel[66] und des Bundeskanzlers Helmut Kohl[67] der Währungsname EURO beschlossen und zum 1.1.2002 als Zahlungsmittel eingeführt. Damit wurde der Euro als zweite Leitwährung neben dem Dollar in das Weltwährungsgefüge eingeführt.

Die Europäische Währungsunion repräsentiert den größten Wirtschaftsblock der Welt und somit wurden dem Euro beste Voraussetzungen mitgegeben, um perspektivisch dem Dollar als zweite Weltwährung auf Augenhöhe zu begegnen. Die Entwicklung hat jedoch gezeigt, dass es zu einer Weltwährung mehr braucht als eine Einigung auf eine gemeinsame Währung.

Es bedarf auch einer dahinter stehenden politischen Macht und des Willens, diese auch auszuüben. Der Eurozone fehlt jedoch eine politische Institution, die sich einer solchen Verantwortung stellen würde und die notwendigen finanzpolitischen Entscheidungen treffen könnte.

---

[66] Waigel, Theo (geb. 1939), war von 1989 bis 1998 Bundesminister der Finanzen der Bundesrepublik Deutschland.
[67] Kohl, Helmut (1930–2017), war von 1982 bis 1998 sechster Bundeskanzler der Bundesrepublik Deutschland.

Die Griechenland-Krise und das Nichteinhalten des Stabilitätspakts zeigen die unterschiedlichen finanzpolitischen Sichtweisen der einzelnen Euro-Staaten. Diese Uneinigkeit trug nicht zu dem notwendigen Vertrauen in die neue Euro-Währung bei. Vertrauen in die Währung ist aber für die Stabilität einer Währung ein nicht zu unterschätzender Faktor.

Auch große unkontrollierte Geldmengen lassen auf eine instabile inflationäre Entwicklung schließen. Das Unberechenbare daran ist der heute gängige bargeldlose Zahlungsverkehr. »Plus« oder »minus« sind nur einfache Buchungsabläufe, die zunächst keine direkten Auswirkungen auf die Geldwerte haben, solange sie nicht in der Realität mit barem Geld eingefordert werden. Die enormen Geldmengen, die den globalen Markt überschwemmen, verheißen jedoch nichts Gutes und es gibt derzeit weder eine Garantie für Stabilität noch eine Deckung durch bleibende Werte wie zum Beispiel Gold, die den Wert des Geldes garantieren.

Heute sind mehr als 90 Prozent des bestehenden Geldes aus dem Nichts geschöpft. Daher ist die Frage nach dem Wert des Geldes und der Akzeptanz der Währungen akuter als je zuvor. Die große Geldflut der Notenbanken ist eine tickende Zeitbombe. Alleine der schiere Umfang macht vielen Ökonomen Angst.

Ist das Vertrauen in den Euro geschwunden oder bleibt der Euro eine starke Währung?

Bis Ende 1998 war die Deutsche Bundesbank für die Geldpolitik in Deutschland verantwortlich. Heute liegt die Verantwortlichkeit für die Steuerung der Währungssicherheit (Preisniveaustabilität) mit der Versorgung der Wirtschaft bei der Europäischen Zentralbank (EZB). Aus der Geldpolitik wurde mit Blick auf die Rettung des Euro und des Staatsbankrotts einzelner Mitgliedstaaten jedoch eine Rettungspolitik der EZB. In der heutigen Zeit der Null-Zins-Politik der Europäischen Zentralbank sind die Sparer die Verlierer, weil die Inflationsrate höher ist als die Zinsen ihrer Geldanlage. Inzwischen verlangen Banken sogar Negativzinsen für größere Bargeldeinlagen, weil die Banken in Europa in riesigem Umfang Bargeldbestände horten, für deren Aufbewahrung Kosten für Tresore und Versicherungen anfallen, die sie ihren Kunden in Rechnung stellen. Ein Prozess, den es früher nie gegeben hat.

In Konkurrenz zu dem bestehenden Geld- und Währungssystem drängen neuerdings Kryptowährungen, digitale Zahlungsmittel, die auf kryptographischen Werkzeugen wie Blockchains[68] und digitalen Signaturen basieren, wie beispielsweise Bitcoin auf den Markt. Sie versprechen Spekulanten einerseits hohe Gewinne, andererseits bieten sie als Alternative mehr Transparenz und Sicherheit, da sie keine übergeordneten Instanzen besitzen, die direkten Einfluss nehmen können.

Die Prognosen für Kryptowährungen sind jedoch sehr unterschiedlich und lassen sich nur schwer einschätzen. Schon die Berechnung des virtuellen Geldes erfordert enorme Rechenleistungen mit bisher hohem Energieverbrauch. Kritiker warnen insbesondere aufgrund der Vielfalt der Kryptowährungen vor den Risiken. Digitale Währungen und Vermögenswerte sind dennoch sehr wahrscheinlich die Als Zukunft für Transaktionen und Wertspeicherung und Bitcoin führt diese Revolution an.

Allerdings ist ein Geldsystem nicht einfach durch ein neues zu ersetzen, auch nicht durch globale Institutionen oder soziale Mega-Netzwerke.

Wahrscheinlich bedarf es einer noch größeren Krise, um die Zweifel am Geldsystem in echtes Handeln münden zu lassen.

Viel Geld zu haben, bedeutet Macht und Einfluss, was sich im sozialen Status abbildet. Damit stellt sich die Frage nach der ethischen Relevanz des Geldes und seiner Sinnhaftigkeit.

---

[68] Eine Blockchain ist eine kontinuierlich erweiterbare Liste von Datensätzen (Blöcke), die mittels kryptographischer Verfahren miteinander verkettet sind.

Wenn acht Superreiche so viel Vermögen besitzen wie die ärmere Hälfte der Weltbevölkerung, zeigt dies, wie asymmetrisch das Geldsystem geworden ist. Ein zutiefst ethisches Problem, das ein Gefühl der Unfairness und Ungerechtigkeit bei den Menschen hervorruft.

Auf die Zukunft gerichtetes und nachhaltiges ökonomisches Handeln in moralischer Verantwortung muss auch für die Finanzwirtschaft die Maxime sein. Der ursprüngliche Sinn des Geldes muss wieder hergestellt werden, um die Finanzwirtschaft auf eine ethisch-moralische Ebene mit Verantwortung für die Gesellschaft zu bringen.

Der Markt korrigiert die wirklich gefährlichen Fehlentwicklungen nicht und auch nicht das moralische Versagen.

Nicht die Akkumulation des Geldes in den Händen weniger zu fördern, sondern das Geld in den großen gesellschaftlichen Kreislauf der Bürger fließen zu lassen, sollte Aufgabe des Staates sein. Nur so kann die Funktion des Geldes als Tauschmittel für Waren und Dienstleistungen für alle Menschen sinnvoll erhalten bleiben.

Die Finanzpolitik sollte zügig das Eigenleben des Geldsystems zurückführen, damit es wieder der Realwirtschaft dienlich sein kann. Fast alle Menschen bewegen sich in der Realwirtschaft und können daher nicht von spekulativen Finanzinvestitionen profitieren.

Geld hat zu dienen, nicht zu herrschen, damit den Menschen der Glaube an die Wertigkeit des Geldes erhalten bleibt.

Zuwanderung und Integration

Im hoch entwickelten Industriestandort Deutschland, sucht die deutsche Wirtschaft seit vielen Jahren nach Ingenieuren, IT-Spezialisten und anderen gut ausgebildeten Fachkräften.

Im Jahr 2000 meldete der Verein Deutscher Ingenieure (VDI) 100.000 offene Stellen für Hochschulabsolventen, insbesondere Ingenieure und Informatiker, in Deutschland. Daraufhin setzte in den Parteien und im Parlament eine jahrelange Zuwanderungsdebatte ein. Da der heimische Arbeitsmarkt nicht genug Fachkräfte hergab, beschloss die Bundesregierung, eine Greencard[69] mit begrenzter Aufenthaltsgenehmigung für hoch qualifizierte Computerspezialisten einzuführen. Dass dieser Vorstoß kaum als großer Erfolg gewertet werden kann, lag zu einem großen Teil an der zeitlich befristeten Aufenthaltsgenehmigung, die einen zu geringen Anreiz für potenzielle Bewerber darstellte. Die angeworbenen Fachkräfte hatten daher nicht ausreichend Planungssicherheit im Beruf und für ihre Familien. Besser wäre gewesen, sie dauerhaft willkommen zu heißen, denn diese Menschen steigern das Know-how in Deutschland und leisten somit einen entscheidenden Beitrag, um den industriellen Standard im Land zu erhalten, und nicht zuletzt tragen sie mit ihren Beiträgen und Abgaben zur Stabilisierung der deutschen Sozialsysteme bei.

Deutschland als hoch entwickelter Industriestandort ist bis heute auf die Zuwanderung qualifizierter akademischer Fach-

---

[69] Die »Greencard« war in Deutschland die Kurzbezeichnung für das zwischen 2000 und Ende 2004 bestehende »Sofortprogramm zur Deckung des IT-Fachkräftebedarfs«.

kräfte angewiesen, denn die Wirtschaft mahnt einen andauernden Fachkräftemangel an. Gleichermaßen sollte es jedoch für Politik und Wirtschaft Ansporn sein, die eigenen Potenziale zu fördern und weiterzubilden. Nur mit innovativen Köpfen und dem notwendigen Wissen kann Deutschland seine Weltmarktstellung halten.

Damit weltweit Fachkräfte den Weg nach Deutschland finden, bedarf es anderer und besserer Anreize als die, die bisher geboten wurden.

Dauerhafte Aufenthaltsgenehmigungen sowie schnelle Einbürgerungs- und Integrationsprozesse sind Voraussetzungen für eine attraktive Zuwanderungspolitik.

Es ist kein Geheimnis, dass sich die hoch qualifizierten ausländischen Mitarbeiter, die im Berufsleben stehen, besser integrieren lassen als die später zugewanderten Menschen aus fremden Kulturen, die lediglich ein besseres Leben in Ländern mit großzügigen Sozialsystemen suchten und aufgrund ihrer eher mangelnden Schul- und Berufsausbildung nur schwer in den Arbeitsmarkt integriert werden können. Letztere bilden eine Risikogruppe, die meist im Familienkreis ihre Kultur und Sprache pflegen und sich daher auch nur schwer integrieren lassen.

Diese Evidenz hätte in der Zuwanderungsdebatte bis zum Zuwanderungsgesetz von 2004 stärker berücksichtigt werden müssen. Im Gegensatz zu den von der Wirtschaft gesuchten Hochschulabsolventen, die ein dauerhaftes Bleiberecht erhalten sollten, geht es bei Asylsuchenden und Flüchtlingen vorrangig um die Aufnahme in sichere Staaten für die Zeit ihrer politischen Verfolgung beziehungsweise während des Krieges in ihren Ländern. Ziel ist, ihnen nach Beendigung des Krieges oder der politischen Verfolgung die Rückkehr in ihre Heimatländer zu ermöglichen, damit sie am Wiederaufbau ihres Landes teilnehmen können.

Die Problematik der deutschen Zuwanderungspolitik liegt in ihrer Undifferenziertheit und unklaren Unterscheidung zwischen Flüchtlingen, Asylsuchenden und der gewünschten Zuwanderung von hoch qualifizierten Spezialisten. Das Grundgesetz definierte ursprünglich das Staatsvolk der Bundesrepublik Deutschland als eine homogene Abstammungsgemeinschaft.[70] Die Zuwanderung war zunächst auf Spätaussiedler und Zuwanderer mit deutscher Abstammung begründet. Auch die Integration der Zuwanderer aus den westlichen und osteuropäischen Nachbarstaaten war damals kein Problemthema und ihre Integration verlief relativ reibungslos. Das änderte sich jedoch mit dem zunehmenden Zustrom von Zuwanderern aus fremden Kulturkreisen, vorwiegend aus arabischen und afrikanischen Ländern.

Bei dieser Zuwanderung sah die Politik keine Notwendigkeit für flankierende Integrationsmaßnahmen. Ein folgenreicher Fehler, wie sich später herausstellen sollte, denn angesichts der Kriege und Konflikte überall in der Welt geraten die Flüchtlingsströme weltweit zu unkontrollierbaren Massenwanderungen.

Das unkontrollierte Zuwanderungschaos, das Angela Merkel[71] aus humanitären Gründen mit den Worten »Wir schaffen das« ausgelöst hat, verstieß gegen geltendes Recht und Gesetz, verhinderte jedoch aus damaliger Sicht vielleicht eine humanitäre Katastrophe.[72] Die derzeitige Zuwanderung ganzer Völkerschaften aus fremden, vorwiegend orientalischen und afrikanischen Kulturkreisen nach Deutschland und Europa

---

[70] Vgl. Deutscher Bundestag, Wissenschaftliche Dienste: Zu den Begriffen »deutsches Volk«, »Deutsche« und »deutsche Volkszugehörigkeit« im Grundgesetz, WD 3 - 3000 - 026/19.
[71] Merkel, Angela (geb. 1954), ist seit 2005 Bundeskanzlerin der BR Deutschland.
[72] Bundeskanzlerin Angela Merkel äußert sich mit ihrem »Wir schaffen das«-Statement auf der Bundespressekonferenz am 31.8.2015 zur Rolle der Bundesregierung in der Flüchtlingspolitik.

werden Deutschland und die westlichen Länder Europas nachhaltig verändern.

Eine solch weittragende Entscheidung hätte lange vorher bei der Ankunft der Flüchtlinge in Lampedusa und Griechenland in Absprache mit den Mitgliedstaaten getroffen werden müssen.

Ein Problem, das bis heute von der EU nicht gelöst werden konnte.

Die Entscheidung der Kanzlerin war eine Ultima-Ratio-Entscheidung zum Flüchtlingschaos an der deutsch-österreichischen Grenze, als sie keinen Ausweg mehr sah.

Die Missachtung des Dubliner Abkommens und die Untätigkeit der Europäer haben letztlich zu dem Dilemma geführt, das auch zum Austritt Großbritanniens aus der EU beigetragen hat und noch für weiteren Sprengstoff sorgt. Nicht weniger als der Zerfall Europas steht auf dem Spiel. Der Brexit[73] war nur ein Warnschuss. Letztendlich gefährden die ungebremste Zuwanderung und ihre Integrationsproblematik den Zusammenhalt der EU, wobei durch die grundsätzlichen Differenzen der politischen Gesellschaftsbilder eine substantielle Gefährdung der Gemeinschaft entstanden ist, die sogar eine Auflösung der europäischen Integration als denkbar erscheinen lässt.

Wenn es der EU nicht gelingt, die Grenzen dauerhaft zu sichern und die Zuwanderung zu begrenzen, wird die Transformation der Gesellschaften der westlichen Staaten im Vergleich zu den östlichen EU-Staaten fortschreiten, wobei sich die östlichen Staaten mehr und mehr einem osteuropäischen Kulturkreis zuwenden und damit Europa spalten könnten.

Die Folgen der unkontrollierten chaotischen Asyl- und Zuwanderungspolitik der letzten zwanzig Jahre haben gezeigt,

---

[73] Der Brexit bezeichnet den EU-Austritt des Vereinigten Königreichs zum 31. Januar 2020.

dass in Deutschland und Europa keine Lehren aus dieser komplexen Herausforderung gezogen wurden. Fehlende Stabilitätsmaßnahmen in den Herkunftsländern, mangelhafte Sicherung der europäischen Grenzen und die Uneinigkeit der europäischen Mitgliedstaaten haben die Problematik auch für Deutschland weiter verschärft. Ein nicht klar definiertes deutsches Zuwanderungsgesetz und der deutsche Sozialstandard weckten bei vielen Flüchtlingen Erwartungen, die durch unseriöse Videos und falsche Versprechungen noch verstärkt wurden. Diese Videos, die Willkommensgeld, Haus und Auto in Deutschland versprechen, werden millionenfach angeklickt und angesehen.[74]

Diese unrealistischen Erwartungen konnten natürlich nicht erfüllt werden und führten zwangsläufig zu Unzufriedenheit und gesellschaftlichem Konfliktpotenzial.

Aufgrund der deutschen NS-Vergangenheit hat sich die Asyl- und Flüchtlingspolitik auf diesem Feld immer sehr schwergetan und tut sich auch heute immer noch schwer.

Nach der rassistischen Weltsicht der NS-Ideologie wollte sich das neue Deutschland nun weltoffen und multikulturell präsentieren und der Welt mit einer Willkommenskultur die Anteilnahme am Flüchtlingsdrama zeigen, die allerdings nicht von allen Mitgliedstaaten der EU geteilt wurde. Auf eine gemeinsame Flüchtlings- und Zuwanderungspolitik kann sich die EU jedoch bis heute nicht einigen. Die Hilflosigkeit der deutschen und europäischen Flüchtlingspolitik offenbart die systemische Schwäche der EU, auf Katastrophen, Krisen und Kriege deeskalierend einzuwirken und zugleich den Menschen in ihren Heimatländern Hilfestellung zu geben, was außerordentlich wichtig wäre.

Über anderthalb Millionen Einwanderer zum Teil ohne Ausweispapiere strömten 2015 unkontrolliert in die Bundes-

---

[74] Vgl. Deutschlandfunk: Gelockt von falschen Versprechungen, 19.7.2016.

republik Deutschland ein. Vorwiegend Zuwanderer aus arabischen Kulturen, die teilweise die grundlegenden Werte der westlichen europäischen Kultur und Gesellschaft nicht akzeptieren wollen oder diese gar ablehnen. Das Problem sind ihre eigene Weltanschauung und die speziellen kulturellen Werte, die nicht mit den Werten Europas vereinbar sind. Insbesondere dann, wenn Fundamentalisten die Grundsätze der Trennung von Staat und Religion, die Prinzipien von Individualität, Pluralismus und Volkssouveränität, Menschenrechte und die Gleichstellung der Geschlechter sowie die Religions- und Meinungsfreiheit infrage stellen.

Das macht eine Integration und Inklusion in die Gesellschaft schwierig oder gar unmöglich. Integration setzt die Bereitschaft zugewanderter Personen voraus, die bestehende Gesamtgesellschaft mit ihren Werten und die sozialen Strukturen des Gastlandes zu akzeptieren und zu respektieren.

Mit einer überzogenen selbstgefälligen Willkommenskultur, die keine Instrumente hat, die eigenen deutschen und europäischen Werte als Leitkultur im Sinne einer Werteorientierung zu schützen, wird der gewünschte Integrationserfolg ausbleiben. Eine Transformierung der Gesellschaft wäre dadurch unvermeidbar und die Vision eines vereinten Europas zum Scheitern verurteilt. Es ist zu erwarten, dass die Integrationsprobleme mit weiterem Zustrom von Migranten zunehmen. Inzwischen sind in den Ballungsgebieten unkontrollierbare Parallelgesellschaften mit Clans entstanden, die kaum noch oder gar nicht mehr durch die Polizei und den Rechtsstaat kontrolliert werden können. Eine unhaltbarer Zustand, der möglicherweise nur durch größere Polizeipräsenz mit intensiven Ermittlungen zur Beweislage der gesetzeswidrigen Machenschaften dieser Clans und die Gerichtsbarkeit beendet werden kann. Hier ist der Staat gefordert, die Geldwäsche, Terrorismusfinanzierung und Sozialleistungsbetrug stärker zu bekämpfen, wobei auch eine konsequente Abschiebung dieser kriminellen Zuwanderer in ihre Heimatländer möglich sein muss.

Die primäre Schuld an dieser Asyl- und Zuwanderungspolitik tragen nicht die Flüchtlinge, sondern die Regierungen, Politiker und Institutionen, die neben falschen Versprechen in den Herkunftsländern diese Massenzuwanderung durch falsche Anreize erst ausgelöst und möglich gemacht haben.

Die europäischen Staaten hätten sich wie bereits erwähnt viel früher, bei dem ersten Zustrom der Flüchtlinge nach Lampedusa und nach Griechenland, intensiv mit dieser Problematik auseinandersetzen müssen, um dieser Massenzuwanderung entgegenzuwirken. Angela Merkels »Wir schaffen das« war in Wahrheit die Bankrotterklärung einer gescheiterten deutsch-europäischen Zuwanderungspolitik. Bund und Länder versuchen unter erheblichen personellen und finanziellen Anstrengungen eine Eingliederung dieser Menschen in die Gesellschaft zu ermöglichen, bisher aber nur mit mäßigem Erfolg. Auch wenn einige Politiker diese Zuwanderung als »gesellschaftliche Bereicherung« ansahen, führte die Zuwanderung spürbar zu immer größer werdenden sozialen Sprengstoff, denn die Sozialausgaben bei Bund, Ländern, Kommunen und Städten explodieren seit dieser Zeit.

Dennoch muss die Integration dieser Menschen in die bestehende Wertegemeinschaft das primäre gesellschaftliche Ziel bleiben.

Der Integrationsprozess stellt allerdings auch große Anforderungen an die Zuwanderer, wie das Erlernen der neuen Sprache und die Neuorganisation ihrer persönlichen Lebensumstände in der neuen Wertegemeinschaft. Aber auch die Menschen mit Migrationshintergrund, die sich aus den verschiedensten Gründen bisher nicht integriert haben, sollten den staatlichen Forderungen nach Integrationsbereitschaft und -willen zur Eingliederung in die Gesellschaft folgen, damit Parallelgesellschaften verhindert werden können. Ohne Integrationswillen des Einwanderers sollte ein weiterer Aufenthalt nicht gestattet werden.

Für viele Politiker ist das leider ein Tabuthema und für die Medien und Meinungsmacher scheint dieser Aspekt auch unangenehm zu sein. »Nur keine Kritik üben und keine Ängste schüren«, warnen Politiker der etablierten Parteien, denn sie fürchten den Verlust des inneren Friedens und den Verlust ihrer Wähler, die diese Art von Zuwanderung zum großen Teil kritisch sehen oder sogar ablehnen. So wird von Politikern und Medien über vieles geschwiegen und die Misere schöngeredet, denn nach ihrer einhelligen Meinung sollte sich die Massenzuwanderung von 2015 nicht wiederholen.

Zuwanderung muss immer mit Integration in die bestehende Gesellschaft einhergehen, damit die Wertegemeinschaft mit einem homogenen, soliden Staatswesen erhalten bleibt. Voraussetzung dafür ist, dass die Gesetze für alle im Staat lebenden Menschen gleichermaßen gelten und durchgesetzt werden. Dass Minderheiten vor Diskriminierung geschützt werden müssen, ist unstrittig. Es sollte aber auch das Bestreben jeder kulturellen Minderheit sein, sich in die bestehende Gesellschaft zu integrieren.

Man darf die Belastbarkeit einer Gesellschaft nicht überschätzen. Wenn manche Politiker über eine multikulturelle Gesellschaft sprechen, ist ihnen anscheinend nicht klar, was sie dieser Gesellschaft zumuten. Multikulturelle Gesellschaften funktionieren bis auf wenige Ausnahmen extrem selten zur Zufriedenheit, auch nicht in den USA, obwohl die Vereinigten Staaten ein echtes Einwanderungsland sind.

Europa hingegen ist ein Kontinent mit in über tausend Jahren gewachsenen Nationalstaaten, die in ihrer Vielfalt trotzdem einen einheitlichen Kulturkreis bilden.

Träumereien von einer multikulturellen Gesellschaft und eine falsch verstandene Willkommenskultur, die von den Medien unterstützt und von einigen bis zur Willkommenseuphorie bejubelt wurde, führten dazu, dass die Politik sich in den letzten Jahren mehrfach über bestehendes Recht und Gesetze hinwegsetzte. Falsche politische Weichenstellungen und weitreichende Fehlentscheidungen wurden heruntergeredet und verharmlost. Auch der Verfassungsrechtler und ehemalige Verteidigungsminister Rupert Scholz[75] kritisiert, dass von Politikern und Medien in Deutschland im Namen eines scheinbar demokratischen Staatswesens Recht gebeugt und aus humanistischen Gründen gegen Grundgesetz und Europaverträge verstoßen wurde[76].

Für alle Ausländer, die in die Bundesrepublik einreisen oder sich im Bundesgebiet aufhalten, gilt nach § 3 des Aufenthaltsgesetzes eine Pass- und Ausweispflicht. Niemand darf ohne diese notwendigen Dokumente einreisen. Bezüglich der zugespitzten Flüchtlingsproblematik der letzten Jahre wurde zudem permanent gegen den »Asylparagraphen« 16a des deutschen Grundgesetzes verstoßen.

Fast alle Zuwanderer berufen sich auf das Asylrecht nach Paragraph 16a Abs. 1 GG. Dies ist jedoch nur für den Einzelfall als Individualrecht durch eine belegte politische Verfolgung zulässig. Flüchtlinge, die nicht politisch verfolgt wurden, sollten nach den Regeln der Genfer Flüchtlingskonvention behandelt werden.

In dieser Zeit wurde auch gegen Paragraph 16a Abs. 2 GG verstoßen, der besagt, dass ein Asylbewerber, der aus einem europäischen Drittstaat nach Deutschland kommt, in Deutschland kein Asylrecht genießt.

Auch im Dubliner Übereinkommen vom 15. Juni 1990 wurde festgelegt, dass für eine asylsuchende Person ohne Vi-

---

[75] Scholz, Ruppert (geb. 1937), ehem. Verteidigungsminister und Staatsrechtler.
[76] Vgl. Scholz, Rupert: »Staatsversagen und Verfassungsbruch« im Interview mit Steingart, Gabor, 2.11.2019.

sum der Vertragsstaat zuständig ist, in den sie nachweislich zuerst eingereist ist.

Alle internationalen Bestrebungen zur Harmonisierung der Flüchtlingsbewegungen dienen letztlich nur dazu, die Flüchtenden auf ihren Fluchtwegen zu schützen, aber nicht dazu, die Fluchtursachen zu beseitigen. Die Flüchtlingsursache wurde in den letzten 30 Jahren nicht bekämpft, sondern nach moralischen Gesichtspunkten eher geschaffen.

Auch der UN-Migrationspakt, der den Status einer Empfehlung hat, beginnt in den 23 Zielbeschreibungen mit den Worten »Wir verpflichten uns...« und gefährdet damit wiederum die Souveränität der Einwanderungsstaaten in Einwanderungsfragen, weil internationale Gerichte mit großer Wahrscheinlichkeit auf diesen Pakt und seine Unterzeichner Bezug nehmen werden.[77]

In Deutschland wünscht man sich mehr Konsequenz bei der Kontrolle der Zuwanderung und ebenso bei der Abschiebung der abgelehnten Asylbewerber. Es müssen Wege gefunden werden, eine unkontrollierte Zuwanderung nach Europa einzugrenzen und zugleich den Menschen in ihren Heimatländern zu helfen.

Das Zuwanderungschaos nach Deutschland und Europa, das bis heute durch die ungesicherten Grenzen Europas nicht zufriedenstellend gelöst werden konnte, und auch die daraus resultierenden Gesetzesverletzungen und internationalen Vertragsbrüche zeigen eindringlich das Fehlen eines klar definierten und funktionierenden Zuwanderungsgesetzes. Klare Regeln würden zudem einen präventiven und konsequenten Umgang mit illegaler Zuwanderung erleichtern.

Eine europäische Lösung nach einem von Deutschland geforderten Verteilungsschlüssel, der lediglich auf eine angemessene Verteilung von Flüchtlingen auf die EU-Staaten ab-

---

[77] Am 10.12.2018 wurde der UN-Migrationspakt per Akklamation auf einem Gipfel im marokkanischen Marrakesch von 164 Staaten angenommen.

zielt, wird es aus heutiger Sicht wohl nicht geben, weil einerseits die europäischen Staaten in der Zuwanderungspolitik grundverschiedene Lösungsansätze vertreten und weil andererseits die Fluchtursachen außerhalb Europas, vor allem in Afrika und Arabien zu suchen sind.

Sinnvollerweise sollte man umgehend den Menschen in ihren Heimatländern mit Hilfe zur Selbsthilfe, einem fairen Welthandel und Sicherheitsgarantien helfen – unter welchem Mandat auch immer.

Prinz Asfa-Wossem Asserate[78], einer der besten Kenner des afrikanischen Kontinents, appellierte in seinem Buch »Die neue Völkerwanderung« an die europäischen Staaten, ihre Politik gegenüber dem Nachbarkontinent Afrika grundlegend zu ändern.[79] Die Lösung könnte eine Art Marschallplan für die Länder Nordafrikas bringen, denn ohne Frieden und gleichzeitige Sicherung der dortigen Lebensgrundlagen ist die Grenzsicherung Europas nicht möglich und auch mit jährlich tausenden von Toten im Mittelmeer moralisch inakzeptabel.

Eine Stabilisierung der politischen Verhältnisse und eine Verbesserung der Infrastruktur und der Lebensgrundlagen der Menschen in den Problemländern könnten auch für Europa zu einer Win-win-Situation führen.

Dazu ist wie schon erwähnt ein fairer Welthandel im Sinne von Fair Trade und Handelsabkommen auf Augenhöhe von besonderer Wichtigkeit, damit die Menschen in ihren Heimatländern von ihrer Arbeit und ihren Erträgen auch leben können. Das alleine reicht aber natürlich nicht aus. Korruptionsbekämpfung und der Zugang zum Bildungssystem müssen ebenso im Fokus stehen wie die Alterssicherung und der Aufbau eines funktionierenden Gesundheitssystems.

---

[78] Prinz Asfa-Wossem Asserate (geb. 1948) ist ein äthiopisch-deutscher Unternehmensberater, Bestsellerautor und politischer Analyst.
[79] Vgl. Prinz Asfa-Wossen Asserate: Die neue Völkerwanderung: Wer Europa bewahren will, muss Afrika retten, 20.10.2016.

Bei der Zuwanderungspolitik alleine nur Abschottung zu betreiben, wird den Europäern auf Dauer nicht gelingen.

Zuwanderung und Integration werden daher auch in Zukunft ein zentrales Thema auf der Agenda Deutschlands und Europas bleiben.

Religionen in der modernen Gesellschaft

Welche Bedeutung hat die Religion heute für die Gesellschaft und welche Stellung hat sie für die Staaten Europas und ihre Politiken im 21. Jahrhundert?

Von den fast sieben Milliarden Menschen gehören mehr als sechs Milliarden einer Religionsgemeinschaft an. Das sind gut 88 Prozent der Weltbevölkerung.

Mit jeder Religion verbindet sich ein ethisch-moralischer Einfluss auf ihre Wertegesellschaft durch die Lebensführung ihrer Anhänger. Es gibt somit keine Religion, die durch die Gesamtheit ihrer Anhänger ohne Konsequenzen für die Gesellschaft bleibt. Jede Gesellschaft und ihre Kultur sind daher geprägt von der Lebensart ihrer Menschen. Aus westlicher Sicht ist es die persönliche Angelegenheit und Privatsache eines jeden Einzelnen, inwieweit die Religion sein Leben bestimmt. Jeder Mensch kann frei entscheiden, zu welcher Religion er sich bekennen möchte, denn Religionsfreiheit ist ein Menschenrecht, nach dem sich die Bürger frei nach ihrem Willen und ihrem Glauben für eine Religion entscheiden können. Dies gilt auch für Menschen, die keiner Religion angehören und als Atheisten an keinen Gott glauben.

Die Religion mag für den einzelnen Menschen in seiner Lebensweise wichtig sein und in seiner Weltanschauung als Orientierung dienen, aber die Normen des Grundgesetzes stehen in Deutschland über allen religiösen Überlieferungen und Glaubenssätzen.

Verteilung der Weltbevölkerung nach Religionen in den Jahren 1900 und 2010. Quelle: Statista 2019

	Anzahl im Jahr 1900 (in Millionen)	Anteil im Jahr 1900 (in Prozent)	Anzahl im Jahr 2010 (in Millionen)	Anteil im Jahr 2010 (in Prozent)
Weltbevölkerung	1,526	-	6,909	-
Christen	558	36,6	2,281	33
Muslime	200	13,1	1,553	22,5
Hindus	203	13,3	943	13,6
Buddhisten	127	8,3	463	6,7
Juden	12	0,8	15	0,2
Sonstige Religionen*	422	27,7	857	12,4
Religionslos	3	0,2	797	11,5

Religionen erreichen die Toleranzgrenzen da, wo ihre Religionsgebote den staatlichen Gesetzen entgegenstehen. Daher ist die Säkularisierung, die Trennung von Kirche und Staat, von außerordentlicher Wichtigkeit und von besonderer Bedeutung für den inneren Frieden einer homogenen, freiheitlichen und demokratischen Gesellschaft.

Die Säkularisierung ist in den Staaten der Welt unterschiedlich ausgeprägt. In Deutschland ist die Trennung von Religion und Staat wie in den meisten Staaten der Welt monotheistisch geprägt und in einem partnerschaftlichen Verhältnis zwischen Staat und Kirche geregelt. So beginnt auch die Präambel des Grundgesetzes mit den Worten »Im Bewusstsein seiner Verantwortung vor Gott und den Menschen ... «. Mit der weltanschaulichen Neutralität des Staates und der Religionsfreiheit als Grundrecht wird in der heutigen Weltanschauungsgemeinschaft die Trennung von Kirche und Staat zwar propagiert, aber in Wirklichkeit sind die vielfältigen Verflechtungen von Kirche und Staat unübersehbar. So erhebt zum Beispiel in Deutschland der Staat eine Kirchensteuer in unterschiedlicher Höhe von derzeit (2019) in Bayern und Baden-Württemberg acht Prozent und in den übrigen Bundesländern von neun Prozent der Einkommensteuer.

Außerhalb des deutschsprachigen Raums existiert nur in wenigen Ländern eine Kirchensteuer und weltweit werden 50 bis 75 Prozent der Einkünfte der Kirchen aus freiwilligen Spenden bestritten.

Das bröckelnde Image, die Missbrauchsstudie[80] und nicht zuletzt die Kirchensteuer führten in Deutschland dazu, dass Hunderttausende der Kirche den Rücken kehrten. Die Zahl

---

[80] Auf der Herbstvollversammlung der Deutschen Bischofskonferenz in Fulda wurde am 25. September 2018 das Forschungsprojekt »Sexueller Missbrauch an Minderjährigen durch katholische Priester, Diakone und männliche Ordensangehörige im Bereich der Deutschen Bischofskonferenz« (MHG-Studie) vorgestellt.

der Kirchenaustritte wird weiter steigen, sollten sich die Kirchen nicht ihrer Verantwortung für die Menschen und die Welt bewusst werden. Insbesondere die Haltung der Kirchen zur Gleichberechtigung von Mann und Frau, zu Zölibat und Empfängnisverhütung im Zusammenhang mit der Überbevölkerung auf unserer Erde sind dabei hervorzuheben.

Die Kirchen müssten helfen die großen Probleme unserer Zeit zu lösen, statt Teil der Probleme zu sein. Für die Kirchen sind die Kirchenaustritte eine besorgniserregende Entwicklung, auf die sie eine Antwort finden müssen.

Lange Zeit war die vorherrschende Meinung in der Öffentlichkeit, dass die Religion in der modernen Gesellschaft keine bedeutende oder nur eine geringe, untergeordnete Rolle spielt. Doch die Massenzuwanderung aus fremden Kulturen, vor allem aus den arabischen Ländern mit islamischem Glauben, stellt Deutschland und Europa mit christlich-abendländischer Kultur vor eine fast unlösbare Aufgabe. Der Islam, der in seiner derzeitigen Auslegung noch immer intolerant gegenüber Andersgläubigen ist und diskriminierend die Gleichstellung der Frau nicht anerkennt, schafft in der westlichen Wertegemeinschaft ein Integrationsproblem, das mit Toleranz nicht zu lösen ist. Eine Religion, die sich auch als Teil einer politischen Ideologie versteht, indem zum Beispiel streng gläubige Islamisten nach ihrem Verständnis die Regeln des Islam den staatlichen Gesetzen gleichstellen oder sogar darüber setzen, stellt jede europäische Gesellschaft vor eine große Herausforderung.

Gesellschaftliche Werte, für die in Deutschland und Europa lange gekämpft wurde, dürfen nicht wieder aufgegeben werden.

Moscheen-Streit, Kopftuch-Debatte, Scharia, Verschleierung und Deutsche Islamkonferenzen (DIK) offenbaren die Hindernisse einer erfolgreichen Integrationspolitik. Dabei zeigt sich auch die politisch-symbolische Dimension der Verschleierung muslimischer Frauen. Der Koran ist an vielen Stellen in seiner Auslegung der Scharia nicht mit den Werten des deutschen Grundgesetzes vereinbar. Die im Koran angeordnete gewaltsame Herrschaft des Mannes über die Frau, die auch oft von den in Deutschland lebenden Muslimen mit Selbstverständlichkeit ausgeübt wird, verstößt gegen die westlicheuropäische Werteordnung und ihre Gesetze.[81]

Zu dem Recht auf Religionsfreiheit für alle gehört auch das Recht, aus der Kirche auszutreten. Wer sich jedoch vom islamischen Glauben trennen will, muss mit schweren Strafen rechnen. Auch diese und andere Regeln des Islam sind mit einer freiheitlichen Verfassung nicht vereinbar.[82]

Niemand kann zwei Herren dienen, denn die Freiheit der Religionslehre entbindet die Bürger nicht von der »Treue zur Verfassung«.

Nach einer Umfrage sind aber vielen gläubigen Muslimen die Gebote ihrer Religion wichtiger als die Gesetze des Staates, in dem sie leben wollen.

Nach deutschem Recht steht der Staat über der Religion und die Gesetze des Staates gelten für alle Menschen gleichermaßen. Die Religionen müssen sich diesen Gesetzen fügen und nicht umgekehrt

Andere Religionsgemeinschaften als der Islam lassen sich dagegen in Deutschland und Europa besser integrieren, auch weil sie Andersgläubige nicht als Ungläubige ansehen und sie daher gleichermaßen respektieren. Diese Intoleranz des Islam ist mit dem deutschen bundesrechtlichen Verfassungsgebot der weltanschaulichen Neutralität und Unparteilichkeit im Sinne des Gleichheitsgrundsatzes nicht vereinbar.

Der Anspruch Deutschlands ist, einerseits die Voraussetzungen für Religionsfreiheit zu schaffen und andererseits die

---

[81] Vgl. Niemeier, Jörg: Parallelgesellschaften und die Zukunft, Verlag ebubli, 2016.
[82] Vgl. Markwort, Helmut: So passt der Islam nicht zum Grundgesetz, in FOCUS Magazin, Nr. 41, 11.10.2010.

Religiöser Fundamentalismus im Generationenvergleich.
Quelle: TNS Emnid-Studie im Auftrag der Universität Münster, 2016

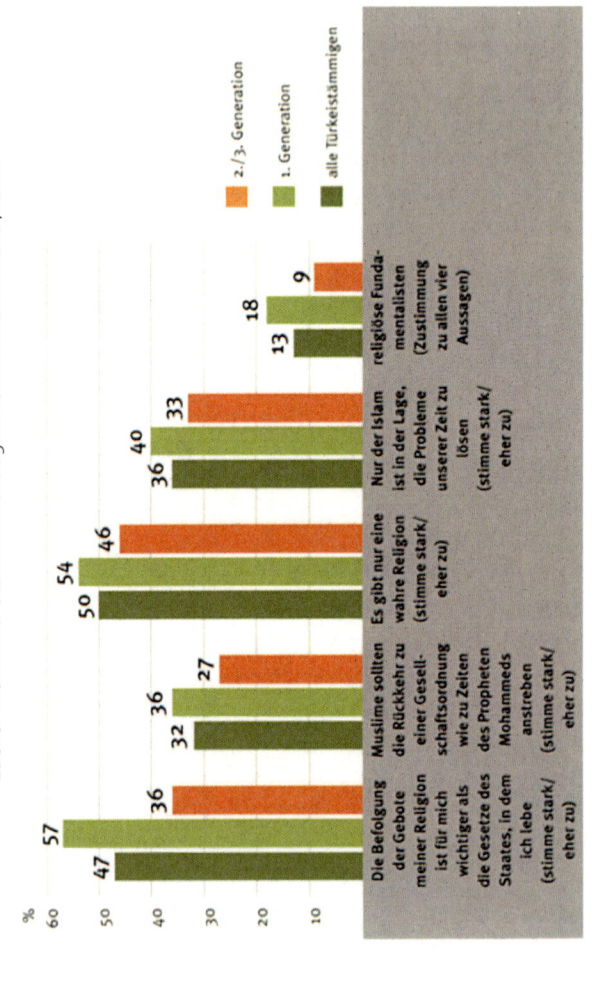

	alle Türkeistämmigen	1. Generation	2./3. Generation
Die Befolgung der Gebote meiner Religion ist für mich wichtiger als die Gesetze des Staates, in dem ich lebe (stimme stark/eher zu)	47	57	36
Muslime sollten die Rückkehr zu einer Gesellschaftsordnung wie zu Zeiten des Propheten Mohammeds anstreben (stimme stark/eher zu)	32	36	27
Es gibt nur eine wahre Religion (stimme stark/eher zu)	50	54	46
Nur der Islam ist in der Lage, die Probleme unserer Zeit zu lösen (stimme stark/eher zu)	36	40	33
religiöse Fundamentalisten (Zustimmung zu allen vier Aussagen)	13	18	9

Religionsausübung der Menschen in ihrer Lebensweise und Privatsphäre zu garantieren. Dabei sollten sich Missionierung und Werbung für Religionsgemeinschaften auf die Privatsphäre oder auf die dafür vorgesehenen Gotteshäuser beschränken. Religionen sollten im öffentlichen Leben keinen Einfluss auf das kulturelle, wirtschaftliche und staatliche Handeln haben.

Darüber hinaus dürfen im 21. Jahrhundert in keinem Fall im Namen eines Glaubens Kriege entfacht werden, wie im Irak, in Syrien oder im Jemen. Die Industrieländer sind dabei angemahnt, eine restriktive Politik für Waffenlieferungen zu betreiben. Dies gilt vor allen Dingen für Spannungsgebiete.

Keine Religion kann beweisen, dass der nach ihrem Glauben angebetete Gott der einzig wahre Gott ist, egal unter welchem Namen er auch von seinen Anhängern genannt und angebetet wird. Oder beten alle den gleichen Gott unter anderem Namen an? Eine Frage, die den Glauben an Gott in eine andere Sichtweise rückt und die Rivalität der Religionen untereinander ad absurdum führen würde.

Die zentrale Frage nach der Existenz eines unkörperlichen, übernatürlichen und sinnlich nicht wahrnehmbaren ewigen Gottes, der bei der Entstehung des Universums und der Erde die Geschicke dieses Universums lenkte und leitete und heute noch jeden Einzelnen gegebenenfalls belohnt oder bestraft, bleibt letztendlich eine Glaubensfrage.

Dabei sollte man berücksichtigen, dass irgendwo in unserer oder in anderen Galaxien vergleichbares intelligentes Leben existieren kann. Glauben heißt also, nichts wissentlich beweisen zu können, wenn auch einiges dafür oder vieles dagegen spricht.

Religionen stehen nicht unbedingt im Widerspruch zu den Erkenntnissen der Naturwissenschaften, doch das Wissen und die Erkenntnisse über die unwiderlegbaren Gesetze der Natur führen mit der Zeit zu Veränderungen der religiösen Weltanschauung und damit auch zu einer anderen Sichtweise ihrer jeweiligen Anhänger auf Gott und seine Bedeutung. Jeder Einzelne muss diese Glaubensfrage für sich selbst beantworten.

Die Aufgabe der Religionen sollte nach dem von ihnen angegebenen Willen Gottes darin liegen, den Menschen Halt und Hilfestellung in den großen Lebensfragen zu geben, ihnen Weisheit und Erkenntnis zu vermitteln, Frieden zu stiften und ein friedliches Miteinander aller Staaten dieser Welt zu ermöglichen.

Im Schatten der Globalisierung erlebt der Glaube inzwischen in Teilen der Welt wieder einen neuerlichen Zulauf, der jedoch einer Art individueller religiöser Selbstfindung entspricht. Es ist offenbar ein neuer Trend zum Wunsch seinen eigenen persönlichen Glauben zu finden, der allerdings allzu oft im Fundamentalismus mündet und eine Gefahr für Staat und Gesellschaft darstellt. Diese Religiosität ist vielfach Ausdruck einer entwurzelten Sinnsuche einzelner Menschen. Ein Beispiel ist die Konversion vieler Europäer zum Islamischen Staat (IS). Ist es eine Sinnkrise der Religionen, der heutigen Gesellschaft oder ist es mehr?

Ludwig Feuerbach[83] definierte Religion emotionslos mit der Existenz menschlicher Natur: »Der Mensch ist der Anfang der Religion, der Mensch ist der Mittelpunkt der Religion und der Mensch ist auch das Ende der Religion.«

---

[83] Feuerbach, Ludwig (1804–1872), war ein deutscher Philosoph und Anthropologe.

Europäische Friedenspolitik in einer Welt voller Konflikte

Die Friedenspolitik dient dem gegenseitigen Verständnis und der Harmonie in den Gesellschaften und Staaten, sowohl nach innen als auch nach außen. Sicherheit, Freiheit und Menschenwürde sind unverzichtbare Merkmale des öffentlichen Lebens, die das Zusammenleben der Menschen in einem Staat und die Beziehungen der Staaten untereinander bestimmen. Um diese Werte zu verteidigen, aber auch um die Konfrontation zwischen den Großmächten sowie Kriege und Konflikte zwischen feindlichen Staaten zu vermeiden und den weltweiten Terror zu bekämpfen, braucht die Welt eine neue Friedenspolitik. Machtinteressen müssen entschiedener bekämpft werden, denn sie werden mit Kriegen und Vertreibung durchgesetzt, die den betroffenen Völkern unendlich viel Leid und Elend bringen.

Eine effektivere Präventionspolitik der Europäischen Union könnte daher ein geeignetes Mittel sein, um auf Interessenskonflikte in der Welt deeskalierend einzuwirken. Europa müsste insbesondere in den Konflikten der Großmächte Amerika und Russland eine respektablere Vermittlerrolle übernehmen, denn es hat in Bezug auf Russland ein anderes Interesse als Amerika. Um die Interessen Europas in der Welt durchzusetzen, müsste Europa allerdings neutraler, selbstständiger und entschlossener auftreten. Mit mehr Verantwortung für Krisenprävention und Konfliktvermeidung könnte Europa eine gewichtigere Rolle in einer weltweiten Friedenspolitik übernehmen.

Unterwürfiges Vasallendenken und falsch verstandene Loyalität einzelner europäischer Staaten gegenüber den USA bestärken die Führungsmacht in ihrem imperialen Machtstreben, durch Putschversuche oder Kriege ihren Machtbereich zu erweitern. Verantwortungsbewusste Politiker sollten im Sinne einer Friedenspolitik auf die Verantwortlichen der Supermächte einwirken und sie von der besonderen Relevanz einer weltweiten Friedenspolitik überzeugen. Doch statt dass in Frieden investiert wird, haben die Rüstungsausgaben weltweit schwindelerregende Höhen erreicht. Im Nahen Osten, aber auch in vielen anderen Spannungsgebieten werden gigantische Summen für Waffen und Kriegsgerät ausgegeben. Ausgerechnet dort, wo viele Menschen in Armut leben.

2018 stiegen die weltweiten Rüstungsausgaben auf 1,822 Billionen Dollar.

Statt Vernunft siegt das Wettrüsten. In ihren Zielvorgaben fordert die NATO von ihren Mitgliedstaaten, jährlich zwei Prozent des Bruttoinlandprodukts in Rüstung zu investieren. Eine Entwicklung, die in die falsche Richtung führt und falsche Signale setzt.

Ist die Rüstungspolitik eine Gefahr für den Weltfrieden und bewirkt die Rüstungslobby eine Rückkehr des Kriegsdenkens in der Politik? Oder ist noch immer die Maxime des Kalten Krieges »Friedenssicherung durch gegenseitige Abschreckung« die zielführende Strategie?

Wenn Militär- und Rüstungsausgaben der Friedenssicherung eines Staates oder mehreren Staaten, wie zum Beispiel einer europäische Sicherheits- und Verteidigungspolitik und nicht den Rüstungsexporten in Krisengebieten dienen, ist dagegen nichts einzuwenden. Die Beschlüsse des Europäischen Rates und der entsprechenden Aufforderung des Europäischen Parlaments dient sowohl der eigenen Sicherheit als auch der Handlungsfähigkeit in der Krisenbewältigung des Krisenmanagements der Europäischen Union.

Militärausgaben gemessen am Bruttoinlandsprodukt ausgewählter Staaten in 2018 in Prozent. *Quelle: Nato, SIPR – Statista*

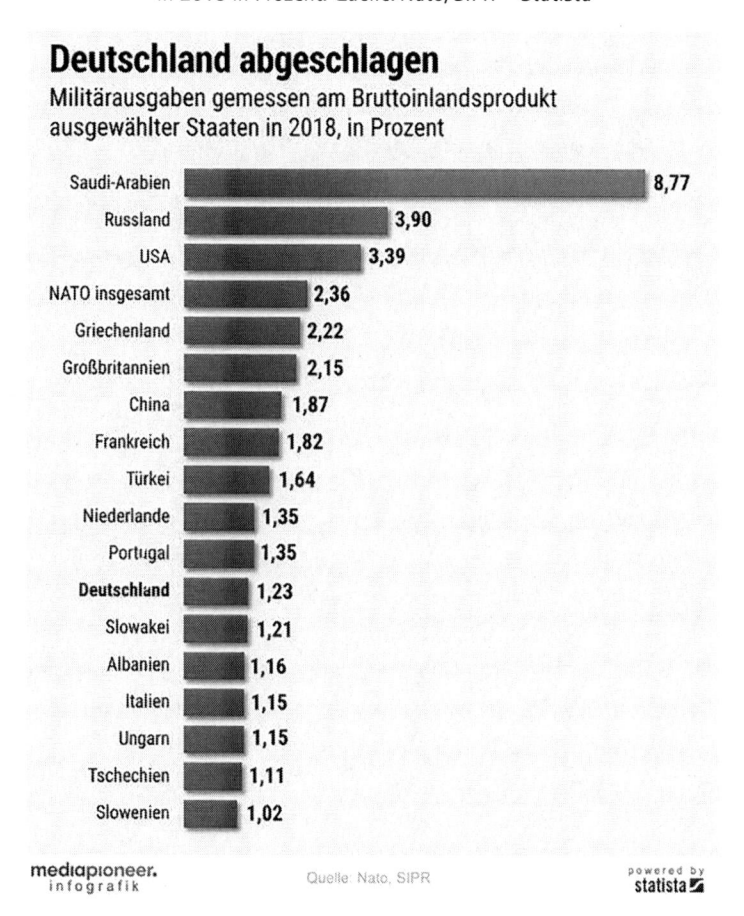

Deutschland abgeschlagen
Militärausgaben gemessen am Bruttoinlandsprodukt ausgewählter Staaten in 2018, in Prozent

Land	Prozent
Saudi-Arabien	8,77
Russland	3,90
USA	3,39
NATO insgesamt	2,36
Griechenland	2,22
Großbritannien	2,15
China	1,87
Frankreich	1,82
Türkei	1,64
Niederlande	1,35
Portugal	1,35
Deutschland	1,23
Slowakei	1,21
Albanien	1,16
Italien	1,15
Ungarn	1,15
Tschechien	1,11
Slowenien	1,02

mediapioneer.
infografik

Quelle: Nato, SIPR

powered by
statista

Wir erleben heute den Niedergang des Parlamentarismus auf breiter Front und stehen vor den Trümmern der Charta von Paris[84], die 1990 so hoffnungsvoll begann. Kritiker wie Anhänger des Parlamentarismus diagnostizieren Leistungs-

---

[84] Die Charta von Paris vom 21. November 1990 ist ein grundlegendes internationales Abkommen über die Schaffung einer neuen friedlichen Ordnung in Europa.

defizite und beklagen die sinkende Kompetenz der Abgeordneten. Zudem kritisieren sie allzu oft die linientreue Darstellung der Ereignisse durch die Medien aufgrund ihrer zu engen Verflechtung mit der Politik. Auch der wachsende Parteieneinfluss auf die Abgeordneten, mangelnde Führungsqualität und zunehmende Korruptionsanfälligkeit haben zu einem rapiden Ansehensverlust der Parlamente geführt.[85] Vielfach steht bei den Parlamentariern nicht der Ideenreichtum oder die Vision von einer besseren Politik, sondern nur ihre Wiederwahl im Vordergrund.

In der Charta von Paris wurden von der Konferenz über Sicherheit und Zusammenarbeit in Europa (KSZE)[86] die Grundlagen für ein neues, gewaltfreies Europa festgelegt. In diesem Abkommen verpflichtet sich die NATO zum Gewaltverzicht gegenüber den Warschauer Paktstaaten. Nur wie die Sowjetunion an diesem Bündnis beteiligt werden sollte, war zu dieser Zeit noch unklar. Nach dem Zusammenbruch und der Auflösung der Sowjetunion suchte Russland unter Wladimir Putin[87] die wirtschaftliche Annäherung Russlands an Europa, die jedoch von den Europäern nicht erwidert wurde. Seine Rede vor dem Bundestag 2001 wurde zwar bejubelt, aber dennoch ignoriert. Putins Bemühungen blieben erfolglos. Es war ein gravierender Fehler westlicher Politik, die ausgestreckte Hand Putins zu ignorieren, denn damit wurde gleichsam eine Zeitenwende eingeleitet. Putin kam zu dem Schluss, dass die europäischen Länder einschließlich Deutschlands weder fähig noch bereit waren, die amerikanische Politik aus seiner Sicht

---

[85] Vgl. Schüttemeyer, Suzanne: »Die Zukunft der parlamentarischen Demokratie«, in DEUTSCHLAND UND DIE WELT 2030.
[86] Die Konferenz über Sicherheit und Zusammenarbeit in Europa (KSZE) war eine Folge von blockübergreifenden Konferenzen der europäischen Staaten zur Zeit des Ost-West-Konfliktes. Die erste Konferenz fand am 3. Juli 1973 in Helsinki statt.
[87] Putin, Wladimir (geb. 1952), seit Mai 2000 (mit Unterbrechung von 2008 bis 2012) Präsident der Russischen Föderation.

positiv zu beeinflussen. Russland verfolgte seitdem eine Politik der eigenen Sichtweise, ohne auf die europäischen Nachbarn und auf die westlichen Interessen Rücksicht nehmen zu müssen, und so wandte sich Putin zunehmend dem asiatischen Raum zu.

Das Vakuum, das die zusammengebrochene Sowjetunion im Ostblock hinterließ, führte unter anderem auch zum Zerfall Jugoslawiens. Die Folge war ein völkerrechtswidriger Krieg mit Beteiligung der NATO in Jugoslawien, zu dem die NATO weder ein Mandat der Vereinten Nationen hatte, noch bestand ein Bündnisfall im Sinne der NATO-Verträge. Ein Krieg mitten in Europa, der inzwischen als undenkbar erschien. Russland war enttäuscht von der Rolle, die Deutschland im Jugoslawien-Krieg und später im Kosovo-Konflikt spielte. Die so sehnlichst erwünschte europäische Friedenspolitik glich einem Scherbenhaufen.

Russland wurde im Westen wieder als Feindbild aufgebaut und mit der Osterweiterung der NATO auch eine neue Front gegen Russland errichtet. Man kann den damaligen verteidigungspolitischen Sprecher Willy Wimmer[88] verstehen, wenn er fragt: »Warum machen wir wieder jemanden zum Feind, der unser Freund sein will?« Ein krasser Widerspruch zu einer europäischen Friedenspolitik.

Dabei hätte ein vereintes Europa als Supermacht das Potenzial, eine eigene europäische Friedenspolitik zu entwickeln und zu verfolgen. Die EU wird aber noch immer nicht ihrer Stärke und ihrem Potenzial gerecht. Dabei erfüllt Europa bis auf die Staatlichkeit alle Kriterien, die eine Großmacht ausmachen. Ein vereintes Europa wäre demnach eine der wichtigsten Supermächte mit den USA, Russland und China.

---

[88] Wimmer, Willy (geb. 1943), zwischen 1985 und 1992 verteidigungspolitischer Sprecher der CDU/CSU und später Parlamentarischer Staatssekretär beim Bundesminister der Verteidigung.

Europa im Vergleich zu anderen Großmächten.
Quelle: Eigene Recherchen 2018

	EU	USA	Russland	China
Einwohner (in Mio.)	512	327	144	1.386
BIP (in Mrd. Dollar)	17.512	19.390	1.578	12.240
Soldaten (in Mio.)	1,8	1,4	1,0	2,2
Atommacht	ja	ja	ja	ja

Es ist erstaunlich, wie wirkungslos Europa in der Welt erscheint, obwohl der Einfluss auf den globalen Welthandel und den Weltfrieden immens groß sein könnte. Leider zeichnet sich aber die EU immer wieder in ihrer Außenpolitik in erster Linie durch die mangelnde Einigkeit zwischen den einzelnen Mitgliedstaaten aus. Angesichts der zahlreichen Konflikte an den EU-Außengrenzen wäre es höchste Zeit, dass die europäischen Staaten eine effiziente globale Strategie für ihre Außen-, Sicherheits-, und Friedenspolitik verabschieden. Der Europäischen Union sollte es nicht um noch mehr Militär und Rüstung gehen, sondern darum, eine effizientere Friedenspolitik zu verfolgen.

Zu einer solchen Friedenspolitik und Krisenprävention gehört neben der Verhinderung von Kriegen beispielsweise auch ein fairer Welthandel, insbesondere für Staaten der Dritten Welt, die sich ausgebeutet fühlen, weil ihr Ertrag nicht mehr zum Überleben reicht. Nur so können Folgen wie Flüchtlingsströme sowohl aus Kriegsgebieten wie auch aus diesen ausgebeuteten Ländern vermieden werden.

Es ist nicht zu verstehen, dass eine zivilisierte Welt entgegen der Vernunft einen anderen Weg geht und weiterhin unsoziale und undemokratische Ziele verfolgt und ein pervertiertes kapitalistisches Wirtschaftssystem weder verändert noch durch eine gerechtere Weltwirtschaftsordnung ersetzt. Das Streben nach Macht und Einfluss kennt offenbar keine Ethik und Moral.

Wenn es nicht gelingt, die geopolitischen Machtinteressen einflussreicher Staaten in der Welt und den Machthunger global agierender Finanzkartelle und Konzerne zu begrenzen, wird es keinen Frieden auf der Welt geben.

Müsste nicht eigentlich jede Politik grundsätzlich eine Friedenspolitik beinhalten? Wir alle sind gefordert, die Politiker darauf hinzuweisen, dass Friedenspolitik das Bestreben aller Menschen in der ganzen Welt ist. Politiker und die politischen Institutionen sollten daher alles Mögliche tun, um Krisen und kriegerische Konflikte zu vermeiden. Eine permanente Schuldzuweisung und gegenseitige Hetze der Konfliktstaaten schafft immer neue Konfrontation.

»Wer Wind sät, wird Sturm ernten«, sagt ein weiser Spruch. Er bringt die Machtpolitik der Supermächte auf den Punkt. Nur durch Verhandlungen und gegenseitiges Verständnis kann Vertrauen wachsen, denn zur Friedenspolitik gibt es keine Alternative. Wir alle sitzen im gleichen Boot und müssen für eine Politik der Entspannung und Abrüstung kämpfen, damit die Menschen in allen Staaten Europas und in der Welt in Frieden leben können.

Für die Partei der demokratischen Mitte »DIE REFORMER«[89], die ich initiiert und mitbegründet habe, ist die Friedenspolitik ein Eckpfeiler ihrer Gesamtpolitik, denn sie steht für Frieden und Freiheit und will damit zur Deeskalation und Friedenssicherung beitragen. DIE REFORMER stehen für die friedliche Koexistenz aller Staaten in Europa, einschließlich Russland.

---

[89] Die Bundespartei DIE REFORMER wurde Ende Juli 2015 in Trier gegründet und ist eine Partei der demokratischen Mitte, die für ein gerechteres Deutschland und Europa eintritt.

Globalisierung – Fluch oder Segen?

Neuer Zeitgeist erfordert neue Ideen und stellt die Gesellschaft vor neue Herausforderungen. Globalisierung ist das Stichwort in einer neuen Zeit und einer total vernetzten digitalisierten Welt.

Kaum ein Thema wird so intensiv und kontrovers diskutiert wie die Globalisierung. Wirtschaft, Ökologie, Gesellschaft und Politik enden in der globalisierten Welt nicht mehr an den nationalen Grenzen einzelner Länder, sondern verschmelzen im weltweiten Netz von Daten und Informationen.

Als Globalisierung bezeichnet man die internationale Verflechtung zwischen Gesellschaften, Staaten und Institutionen in den Bereichen Wirtschaft, Politik, Kommunikation und Umwelt.

Sicherlich bietet die Globalisierung viele Vorteile, etwa die Zusammenarbeit in Forschung und Entwicklung oder den globalen Warenverkehr mit einem weltweiten Angebot und sinkenden Preisen. Beispiele hierfür sind Elektroartikel aus China, Obst und Gemüse aus Südamerika oder Technik aus den USA und Japan sowie Brennstoffe aus Russland.

In Folge der fortschreitenden Globalisierung entgleitet jedoch den Nationalstaaten durch die Internationalisierung von Wirtschaft, Verkehr, Sicherheit und Umweltgefahren in zunehmendem Maße die Kontrolle über das kollektive Schicksal seiner Bürger.

Bei der ökonomischen Globalisierung treten weitere Probleme und Krisen auf, wie Belastungen der Umwelt, negative Auswirkungen auf Arbeitsmärkte und Ausbeutungstendenzen durch die dominierende Marktstellung von Global Playern. Konzerne und Finanzkartelle haben ihre eigenen Regeln, fast ohne Überwachung durch supranationale Kartellwächter. Handelshemmnisse wie Zölle behindern den globalen Freihandel. Der freie Handel geht jedoch zumeist auf Kosten der Entwicklungsländer. Das Ungleichgewicht zwischen den armen Ländern und den reichen Industriestaaten führt zu Erpressbarkeit und Benachteiligung der ärmeren Länder.

Um ein Gleichgewicht unter den Handelspartnern herzustellen, könnten beispielsweise die Industrieländer einseitig auf sämtliche Zölle für Fair-Trade-Produkte aus Entwicklungsländern verzichten und die Entwicklungsländer hingegen ihre Handelsbarrieren zum Schutze ihrer eigenen Wirtschaft aufrechterhalten. Die Welthandelsorganisation[90] (WTO) sollte ein stärkeres Augenmerk auf faire und nachhaltige Handelsregeln legen, statt ihre Aufgabe lediglich in der Erschließung von Märkten zu sehen.

Fair Trade könnte und sollte im freien Welthandel für einen gerechteren Handel im Ungleichgewicht der Staaten sorgen. So ließe sich auch eine höhere Wertigkeit der Produkte zu angemessenen Marktpreisen erreichen, damit die Menschen in den Erzeugerländern von ihrem Einkommen gut leben können.

Seit einigen Jahren versuchen Organisationen in den Entwicklungs- und Schwellenländern Fair-Trade-Produkte in das Angebot der Industrieländer zu bringen, damit die Menschen vor Ort einen größeren Anteil der Wertschöpfungskette erhalten. Im gegenwärtigen Welthandel sind diese Projekte trotz steigender Tendenz jedoch noch kaum wahrnehmbar. Leider bestimmen noch immer Konkurrenzdenken und Gier nach mehr Gewinn den Weltmarkt, sodass entsprechende interna-

---

[90] Die Welthandelsorganisation (WTO) wurde am 15. April 1994 in Marrakesch (Marokko) gegründet. Ziel der WTO ist der Abbau von Handelshemmnissen und die Liberalisierung des internationalen Handels mit dem weiterführenden Ziel eines internationalen Freihandels.

tionale Verträge nötig wären, den globalen Welthandel zu regulieren.

Durch die expandierende Weltwirtschaft geraten die Nationalstaaten verstärkt in wirtschaftliche Konkurrenz zueinander. So entsteht ein Standortwettbewerb, der zu Spannungen zwischen den Staaten führt.

Zunehmend entziehen sich aber auch immer mehr multinationale Konzerne der Kontrolle nationalstaatlicher Wirtschaftspolitik.

Ein weiterer problematischer Aspekt der Globalisierung ist »Outsourcing«, die Auslagerung ganzer Unternehmenszweige oder Produktionsstandorte, um damit die Produktionskosten erheblich senken zu können. Eine solche Verlagerung hat nicht selten negative Effekte auf die betroffenen Ökosysteme.

Aber auch das Ausnutzen niedriger Produktions- und Sozialstandards und die Missachtung von Menschenrechten führen bei solchen Unternehmensentscheidungen zu einem zweifelhaften Nutzen.

Globalisierung ist an sich weder gut noch schlecht. Es ist immer die Frage, was man daraus macht. Der Nutzen der Globalisierung muss sich daran messen lassen, ob sie den Menschen und der Umwelt zum Vorteil gereicht oder nur dem Vorteil der international agierenden Konzerne und Finanzmärkte dient. Nur ein größerer erschlossener Markt dient lediglich den multinationalen Konzernen, die sich dadurch weitere Marktvorteile verschaffen können.

Die derzeitige Entwicklung des globalen Marktes verschärft mit zunehmender Kapitalkonzentration ein weltweites Verteilungsproblem, das letztlich einer sozialen Wirtschaftsordnung und dem Demokratiegedanken widerspricht. Wenn die 300 reichsten Menschen ein Vermögen von einer Billion Dollar besitzen, ist das genau so viel, wie die ärmere Hälfte der Menschheit an jährlichem Einkommen hat. Bei dieser Vermögensverteilung muss über den Sinn einer solchen Kapitalkonzentration und über eine gerechtere Wirtschaftsordnung nachgedacht werden. Eine mächtige Minderheit der reichen Industriestaaten kapitalistischer, imperialistischer Prägung verfolgt ihre eigenen Interessen auf Kosten abhängiger Staaten und ihrer Menschen. Ist das die gewünschte Definition von Globalisierung?

Bemerkenswert ist, dass selbst eine internationale Institution wie der Internationale Währungsfonds (IWF), eher als Gralshüter des Kapitalismus bekannt, zuletzt in seinem Bericht »Ungleichheit bekämpfen« eine neue Umverteilungspolitik mit mehr Sozialverträglichkeit und weniger Ungleichheiten forderte.[91] Eine neoliberale Ausrichtung der Globalisierung ist alles andere als sozialverträglich und demokratisch und verlangt dringend nach notwendigen Kurskorrekturen in der Weltwirtschaft. Fest steht, dass die Globalisierung neben Vorteilen auch gravierende Nachteile mit sich bringt. Dennoch treiben die multinationalen Unternehmen die Globalisierung mit einer wachsenden Vehemenz voran.

In einer neoliberalen kapitalistischen Wirtschaftsordnung, wie sie derzeit weltweit praktiziert wird, zählt nur der Profit. Ökologische, humane und soziale Gesichtspunkte bleiben dabei meist außer Acht.

Bis heute wurden noch keine wirksamen Instrumente für den internationalen Handel gefunden, die die unterschiedlichen Wirtschaften in einem gerechten Maß ausgleichen könnten. So bestimmen überwiegend freie Kapitalmärkte und freier Welthandel mit unbeschränkten Kommunikationsmöglichkeiten den Rhythmus der neuen Zeit. Dabei wäre jedoch eine Regulierung des globalen Welthandels zwingend notwendig.

Eine der wesentlichsten Voraussetzungen für den globalen Handel war das Allgemeine Zoll- und Handelsabkommen

---

[91] Vgl. Die Welt: Jetzt fordert der IWF eine neue Umverteilungspolitik, 20.10.2017.

GATT[92], das in acht Runden zwischen 1947 und 1993 ausgehandelt wurde. Zwei Jahre später folgte dann die Gründung der Welthandelsorganisation (WTO). Die Zölle für Industriewaren konnten so um mehr als 80 Prozent gesenkt werden. Die Globalisierung ist durch den technischen Fortschritt vor allem im wirtschaftlichen, aber auch im politischen Bereich unaufhaltsam vorangeschritten. Beste Beispiele für eine wirtschaftliche und politische Zusammenarbeit sind die Europäische Union (EU), der Wirtschaftsraum OECD und die Vereinten Nationen[93] (UNO).

Auf diesen Organisationen, vor allem der WTO, ruhen große Hoffnungen, weil sie wichtige Akzente im internationalen Handel setzen können.

Ist damit der große Quantensprung gelungen? Leider nicht, denn zu viele neue Fragen und Probleme stellen sich diesen Organisationen wegen der unterschiedlich starken oder schwachen Handelspartner und der internationalen wirtschaftlichen Verflechtungen. Die bisherigen Organisationen konnten daher einen gerechten globalen Handel mit wirklichen Vorteilen für beide Seiten nicht herstellen.

Vielleicht bedarf es dafür einer anderen übergeordneten Organisation im Sinne einer Konföderation mit weltweiter Legitimation und Entscheidungsgremien zur Steuerung eines gerechten, fairen und nachhaltigen Welthandels.

Vorstellbar ist aber auch, dass der bisherige globale Welthandel der großen Handelsblöcke nur eine vorübergehende Phase ist und die Dauerkrisen von heute am Ende doch noch die notwendige Vernunft freisetzen, um ein gerechteres Welthandelssystem zu etablieren.

---

[92] Das Allgemeine Zoll- und Handelsabkommen (englisch General Agreement on Tariffs and Trade, GATT) wurde am 30. Oktober 1947 abgeschlossen und trat am 1. Januar 1948 in Kraft.
[93] Die Vereinten Nationen (UNO) sind ein zwischenstaatlicher Zusammenschluss von 193 Staaten und als globale internationale Organisation ein uneingeschränkt anerkanntes Völkerrechtssubjekt.

Offen ist auch, welche Auswirkungen die wachsende Digitalisierung in der Zukunft auf die Globalisierung haben wird. Neben dem Produktionsfaktor Kapital werden neue Technologien wie künstliche Intelligenz (KI) immer stärker an Bedeutung gewinnen, während die Rolle des Produktionsfaktors Arbeit immer geringer wird. Das Wirtschaftswachstum wird sich nach allen Vorhersagen erhöhen, aber eine sinkende Nachfrage nach Arbeitskräften zur Folge haben. Der Nobelpreisträger Michael Spence[94] spricht in diesem Zusammenhang von einer »digitalen Verdrängung der Arbeitskraft«.

Die neuen Technologien und die Digitalisierung ermöglichen der Globalisierung schon heute eine internationale Kommunikation von unvorstellbarem Ausmaß.

Die Frage bleibt zu beantworten, ob diese Entwicklung den Menschen und der Arbeitswelt einen Fortschritt im Sinne einer Verbesserung der Lebensumstände verschafft. Viele hilfreiche technische Erfindungen waren zunächst für die Menschheit ein großer Fortschritt, der sich jedoch später als zweifelhafte Errungenschaft herausstellte.

Unternehmen investieren beispielsweise heute Unsummen in die Sicherung ihres Wissens und ihrer Daten. Trotzdem belaufen sich die Schäden durch Industriespionage auf viele Milliarden Euro, mit steigender Tendenz.[95] Cyberattacken und Datendiebstahl sind für viele Unternehmen in Deutschland inzwischen eine konkrete Gefahr, denn Hacker greifen auf breiter Front auf Daten aus Netzwerken von Unternehmen, Kommunen und sogar auf das Regierungsnetz zu. Selbst Kliniken, Krankenhäuser und Versorgungseinrichtungen werden nicht verschont. Mit Hilfe der Informationstechnik werden zwischen Staaten regelrechte Cyberkriege mit zerstörerischen

---

[94] Spence, Andrew Michael (geb. 1943), ist ein US-amerikanischer Wirtschaftswissenschaftler.
[95] Vgl. Wiwo: 55 Milliarden Euro Schaden pro Jahr durch Wirtschaftsspionage, 15.12.2017.

Attacken auf Computersysteme geführt. Daten können in Sekunden um die Welt geschickt werden und fördern das Wachstum des Welthandels, der Global Player und der Finanzkartelle.

Wie steht es dabei um die sogenannte ökologisch-soziale Marktwirtschaft? Sie steht immer mehr im Widerspruch zur Globalisierung und zu diesem neoliberalen kapitalistischen Wirtschaftssystem. Sie könnte aber den Menschen den gewünschten sozialen Ausgleich bringen.

So beherrschen die Finanzkartelle inzwischen große Teile des globalen Marktes und sind in allen Bereichen der Kapitalanlagen aktiv tätig. Sie steuern ein Netzwerk von Verflechtungen im Real-, Geld- und Handelskapital und bestimmen in zunehmendem Maße über die Entwicklung oder den Untergang vieler traditioneller Unternehmen.

Es bleibt eine der größten Herausforderungen unserer Zeit, die weltweit agierenden Konzerne und Kartelle zu begrenzen, zu kontrollieren oder letztendlich zu zerschlagen, wenn sie nicht den gewünschten gesellschaftlichen, sozialen und ökologischen Ansprüchen gerecht werden.

Die Zukunft wird zeigen, ob die Mehrzahl der Menschen auf der Welt von einem fairen Welthandel und von der Globalisierung profitieren kann oder ob dieser Welthandel ausschließlich den Konzernen und Finanzkartellen diente. Dann werden wir wissen, ob die Globalisierung für die Menschen und die Staaten der Welt Fluch oder Segen war.

Europa, wohin gehst du?

Die Völker Europas waren nach dem letzten Weltkrieg entschlossen, auf der Grundlage gemeinsamer Werte und einer gemeinsamen europäischen Kultur in friedlicher Zukunft eine Wirtschaftsgemeinschaft zu schaffen, die die Verwirklichung einer Europäischen Union zum Ziel hatte. Eine Vision, die zunächst viele Anhänger fand, denn man fühlte sich in einer starken Gemeinschaft sicher und geborgen. Aus sechs Gründungsmitgliedern wurden 28 Mitgliedstaaten. Die Ausgestaltung der Europäischen Union vollzog sich jedoch im Großen und Ganzen im Aufbau riesiger Gebäude mit einem gigantischen Bürokratismus und Behördendschungel in Brüssel. Dazu kam das Europäische Parlament in Straßburg mit noch mehr Bürokratie und wenig Effizienz. Zu viele verschiedene Interessen der einzelnen Mitgliedstaaten verhindern bis heute notwendige supranationale Entscheidungen, die über den Verantwortungsbereich der einzelnen souveränen Staaten hinausgehen. Aber genau das sollte der wichtigste Auftrag und Aufgabe einer Europäischen Union und einer zukünftigen europäischen Regierung sein.

Vor allen Dingen fehlte der Europäischen Gemeinschaft von Anfang an eine demokratische Mehrheitsentscheidung in den wichtigen Politikbereichen, um die Gemeinschaft schneller und gewichtiger mit einer Stimme sprechen zu lassen. Die Europäer agieren in ihrer Beschlussfassung ineffizient und zu langsam. Selbst auf gefährliche Konflikte direkt vor ihrer Haustür wie in Syrien haben die Europäer kaum Einfluss, denn die Weltmächte nehmen immer weniger Rücksicht auf die europäischen Interessen.

Die Problematik einer gemeinsamen Politik liegt in der unterschiedlichen wirtschaftlichen Produktivität und der Verschiedenheit der Interessen der einzelnen Mitgliedstaaten und in ihren unterschiedlichen Regierungssystemen. Aber auch in der Preisbildung und der Nichtkonvertierbarkeit der Währung in der gemeinsamen Währungsunion.

Kann eine gemeinsame Wirtschafts- und Währungspolitik, wie sie derzeit praktiziert wird, auf Dauer funktionieren? Ist es überhaupt möglich, die Eurostaaten oder den Euro-Währungsraum in dieser Konstellation zu belassen, oder müssen die Entscheidungsgremien über strukturelle Veränderungen der Europäischen Union nachdenken?

Um dem Euro die Sprengkraft zu nehmen, wäre ein Vorschlag, den Euro als Dachwährung an die jeweilige Landeswährung zu koppeln. Der Wert des Euro würde sich als Parallelwährung in den jeweiligen Ländern nach dem Wert ihrer Landeswährung und ihrer Wirtschaftskraft richten, die jedoch nur buchhalterisch für den Wechselkurs existierte. Der Euro würde optisch die Währung aller EU-Länder bleiben und wäre auch weiterhin die einzige Währung im internationalen Handel, jedoch mit internen mehr oder weniger flexiblen Wechselkursen zu den Landeswährungen der Mitgliedstaaten. Ähnlich einem Europäischen Wechselkurssystem (EWS), das nur unter notwendigen Kurskorrekturen verändert werden sollte. So könnte die Eurozone sogar erweitert werden und die Staaten, die zurzeit noch ohne den Euro sind, könnten ihren Außenhandel ebenfalls im Euro abwickeln.

Eine andere Möglichkeit wäre, überschuldeten Staaten, die einem Staatsbankrott entgegensteuern, den Weg zu öffnen, den Euroraum für einen gewissen Zeitraum zu verlassen, um später mit einem angemessenen Wechselkurs wieder in die Eurozone zurückzukehren.

Für beide Szenarien wäre ein großer Reformwille der europäischen Eurostaaten notwendig. Aber es ist auch mehr als fraglich, ob es ohne Reformen gelingt, zu einer dauerhaften Normalisierung im Euroraum zurückzukehren, weil eine Anpassung der Währungen an die wirtschaftliche Entwicklung der einzelnen schwächeren Mitgliedstaaten nicht mehr möglich ist.

Eine Währungsunion mit Ländern unterschiedlicher Fiskalpolitik und Produktivitätsstufen steht einer Harmonisierung der europäischen Gemeinschaft entgegen. In der EU müssen endlich Instrumente und Voraussetzungen geschaffen werden, damit die gravierenden Unterschiede zwischen den Staaten Europas beseitigt werden können.

Nationale Finanz- und Geldpolitik und nationale Haushaltspolitik können zusammenpassen und für jede Nation eigene Ziele verfolgen. Aber unterschiedliche nationale Fiskalpolitiken im Verbund mit einer gemeinsamen Währung kommen jedoch notwendigerweise in Konflikt, weil sie nicht zueinanderpassen.

Will man die jetzige Währungsunion erhalten, müsste man also zwangsläufig die Haushalts- und Steuerpolitik der Mitgliedstaaten harmonisieren. Wissenschaftlich unumstritten ist heute die Meinung, dass eine Währungsunion mit einer Fiskalunion einhergehen muss. Dazu müssten die Mitgliedstaaten aber mehr Souveränität an die EU abgeben. Dies würde der Gemeinschaft den Weg zu einer europäischen Staatlichkeit im Sinne der »Vereinigten Staaten von Europa« ebnen.

Auch auf dem Technologiesektor ist die Unentschlossenheit der Europäer zu spüren, die eine gemeinsame Strategie für eine wirtschaftliche und technologische Weiterentwicklung und Europas Wachstum erheblich bremst.

Im Forschungswettlauf der Zukunftstechnologien ringt die EU um einen gemeinsamen Kurs. Die Chancen für Europa wären gar nicht so schlecht, denn europäische Forschungseinrichtungen sind in vielen Bereichen der Computertechnologie, der künstlichen Intelligenz (KI) und auch in der Quantentechnologie führend. Die Europäische Union mit ihren gut 500 Millionen kaufkräftigen Einwohnern bietet dazu einen attraktiven Absatzmarkt. Aber bisher sind die großen Konsumenten-Plattformen in Amerika und Asien entstanden, keine einzige in Europa. Deutschland und Europa sind lediglich Datenlieferanten.

Während die USA den Unternehmen fast alles erlauben, stehen den Planungs- und Umsetzungsverfahren in Deutschland die individuellen Interessen der einzelnen Bürger und Bürgerinitiativen entgegen. Die gesellschaftliche und wissenschaftliche Weiterentwicklung Deutschlands und Europas wird somit nicht im gleichen Maße wie in Amerika als Priorität angesehen, ein Umstand, der den ökologischen und wirtschaftlichen Fortschritt Europas bremst. Ein Strukturproblem, das auch auf europäischer Ebene gelöst werden muss.

Zu einer gemeinsamen europäischen Union ist es noch ein weiter Weg, denn zu viele Fragen bleiben offen und unbeantwortet, auch zum Beispiel, welche gemeinsamen Werte diesen Kulturkreis als Wertegemeinschaft zusammenhalten. Wo sind die Grenzen im Osten Europas für das zukünftige europäische Staatsgebilde? Wer sind dann die Nachbarstaaten, mit denen die EU in wirtschaftlicher, freundschaftlicher und in friedlicher Koexistenz zusammenleben will? Wie können die Außengrenzen geschützt werden? Kann die Sicherheit der Bürger in einer europäischen Wertegemeinschaft angesichts der weltweiten Flüchtlingsströme garantiert werden?

Fragen, auf die die EU bis heute noch keine zufriedenstellenden Antworten geben kann, werden Europa in der Zukunft noch vor existenzielle Herausforderungen stellen. Auch die nächsten Schritte, wie die Integration der Westbalkanstaaten, werden aufgrund der großen Unterschiedlichkeiten eher für weitere Konflikte und Probleme sorgen.

»Der Weg ist das Ziel«, lautet ein altes Sprichwort. Aber welchen Weg will Europa gehen? Soll dieses vereinte Europa ein Staatenbund oder ein Bundesstaat werden oder erst ein Staatenbund und dann ein Bundesstaat? Derzeit hat die EU Elemente von beiden Konzeptionen. Das Staatenbund-Prinzip setzt in Grundsatzfragen der Außenpolitik, der EU-Finanzen oder der Aufnahme neuer Mitglieder immer die Einstimmigkeit der Regierungschefs der einzelnen Mitgliedstaaten voraus. Dabei ist es unerheblich, ob es sich um einen kleinen oder großen Staat handelt.

Die Einstimmigkeit der Entscheidungen im Europäischen Rat verhindert die Angleichung der Mitgliedstaaten in den wichtigsten Fragen, wie die einer gemeinsamen Außen- und Sicherheitspolitik, der Aufnahme neuer Mitglieder und der Harmonisierung der Finanz- und Steuerpolitik.

Daran hat sich auch mit der Stärkung des Kommissionspräsidenten nichts geändert, da weiterhin der Europäische Rat die wichtigen Entscheidungsprozesse bestimmt. Bis heute fehlen der EU noch immer ein klares, schlüssiges Konzept und eine zukunftsorientierte Strategie für ein vereintes Europa. Die EU muss endlich klare Vorstellungen und Ziele für ein funktionierendes, vereintes und starkes Europa entwickeln.

Im Vertrag von Maastricht wurde der EU eine besondere Rolle in der Zuständigkeit für die Sicherheitspolitik in Europa zugewiesen, die die Europäer bis heute nicht erfüllen konnten. Dabei wäre die EU geradezu prädestiniert, mit einer eigenen Sicherheitspolitik als Bindeglied und Vermittler zwischen Russland und den USA zu fungieren. Eine europäische Sicherheitspolitik im Verbund mit der NATO wäre ein Schwergewicht in den Verhandlungen über eine neue Weltordnung. Die NATO ist nun längst kein Verteidigungsbündnis mehr, sondern ein Instrument der USA zur Durchsetzung ihrer eigenen hegemonialen Machtpolitik. Mit der Einkreisung Russlands durch die NATO, der militärischen Eroberung von Rohstoffquellen und der Erschließung weiterer Absatzmärkte verfolgt Amerika gegenüber Russland ganz andere Interessen als Europa. Schon alleine daher wäre eine eigenständige Außen- und Sicherheitspolitik Europas notwendig, um nicht zwischen China, Russland und den USA zerrieben zu werden. Europa hätte das Potenzial, selbst Großmacht zu sein, wenn man die Fakten mit den anderen Großmächten vergleicht. Aber die Uneinigkeit der EU in der Außen- und Sicherheitspolitik mit ihren langwierigen Entscheidungen zeigt die Schwäche Europas auf. Aus eigenen sicherheitspolitischen Erwägungen heraus hätte Europa bereits viel stärker als Vermittler zwischen den USA und Russland auftreten müssen. Mit der Stationierung amerikanischer Raketen an den Grenzen Russlands steigt in Europa wieder die Gefahr eines Atomkriegs auf europäischem Boden.

Es war ein historischer Fehler des Westens, nach dem Zusammenbruch der Sowjetunion nicht die ausgestreckte Hand Russlands anzunehmen, um Russland in eine neue, bessere und friedlichere Weltordnung einzubinden.

Statt fundamentale Ängste auf beiden Seiten abzubauen und über Lösungen der Probleme nachzudenken und zu verhandeln, die durch den Zusammenbruch der Sowjetunion entstanden sind, dehnten die USA mit Hilfe der NATO und ihrer westlichen Partnerstaaten ihren imperialistischen Einflussbereich bis an die Grenzen Russlands aus, ohne die Interessen Russlands zu beachten. Ein Beispiel für ein besonderes diplomatisches Desaster des Westens waren die Verhandlungen über die Westannäherung der Ukraine ohne die Einbindung Russlands trotz Wissen über die Stationierung der russischen Schwarzmeerflotte auf der Krim. Die Reaktion Russlands ließ nicht lange auf sich warten. Die Folge war die Annexion der Krim durch Russland.

Heute erleben wir eine erneute Spaltung in Ost und West mit neuem sinnlosem atomarem Wettrüsten der Supermächte. Die Lage ist heute bedrohlicher, als man glauben mag.

Auch technische Systeme können versagen und einen Erstschlag auslösen. Erinnern wir uns an 1983, als die Computer der UDSSR versagten und fälschlicherweise einen US-Atomschlag meldeten. Nur die Besonnenheit des sowjetischen Obersts Stanislaw Petrow[96] rettete entgegen der Anweisung die Welt vor einem nuklearen Inferno.

Die EU könnte immer noch im Konflikt zwischen den Großmächten eine gewichtige Rolle einnehmen. Dazu müsste sie jedoch konsensfähiger werden und sich zu Mehrheitsbeschlüssen durchringen, damit die demokratisch getroffenen Entscheidungen dann auch schnell und deutlich vertreten werden könnten.

Auch die Flüchtlingspolitik der EU zeigt die Zerrissenheit und die offenkundige Problematik, die verschiedenen Interessen der Mitgliedstaaten zu einen. Während die westlichen Staaten eine Zuwanderung akzeptieren oder gar befürworten, streben viele östliche Länder keine Veränderung ihrer Gesellschaften an. Wenn man diesen Gedanken weiterverfolgt, besteht sogar die Gefahr, dass sich die östlichen europäischen Staaten der Gemeinschaft mehr und mehr einem osteuropäisch-russischen Kulturkreis zuwenden und ein vereintes Europa damit unmöglich machen. Eine europäische Wertegemeinschaft in einem gemeinsamen Kulturkreis ist also eine wichtige Voraussetzung für ein vereintes Europa.

Die Einflussnahme der Brüsseler bürgerfernen Bürokratie auf die inneren Angelegenheiten der immer noch souveränen Mitgliedstaaten stößt zunehmend auf Widerstand und Ablehnung. Dennoch gibt es für die Staaten Europas keine Alternative zum vereinten Europa, wenn sie nicht in die Bedeutungslosigkeit abdriften wollen. Die Frage sollte daher nicht »Europa, ja oder nein?« sein, sondern »Was für ein Europa wollen wir?«

---

[96] Petrow, Stanislaw (1939–2017), war ein Oberstleutnant der sowjetischen Luftverteidigungsstreitkräfte.

Soll es ein zentral gesteuertes Europa sein, dessen Regierung über alle Staaten und Regionen bestimmt und dabei die Einzigartigkeit der unterschiedlichen Regionen auflöst? Oder ist ein föderal gesteuertes Europa, also ein Europa der Bürger, ihrer Regionen und Staaten, die Lösung?

Will man den Zusammenhalt der Bürger und ihrer Mitgliedstaaten in der Europäischen Union fördern, kommt man an einem föderalen System, in dem Regionen und Mitgliedstaaten das Fundament bilden, nicht vorbei. Unter diesem Organisationsprinzip wird heute vorwiegend ein System verstanden, bei dem die einzelnen Glieder über eine begrenzte Eigenständigkeit und Staatlichkeit verfügen, aber zu einer übergreifenden Gesamtheit zusammengeschlossen sind. Dabei kann der Bürger und Wähler mit seiner Willensbildung für seine Region an einem Europa der Vielfalt mitwirken. Eine Regierung in einem föderal gesteuerten, vereinten Europa sollte daher nach dem Subsidiaritätsprinzip in seiner übergeordneten Stellung nur für die Ausübung supranationaler Gesetze und Regeln zuständig sein, die Aufgaben betreffen, die von den einzelnen Mitgliedstaaten auf nationaler Ebene nicht gelöst werden können. Darunter ist unter anderem eine gemeinsame europäische Verteidigungs- und Sicherheitspolitik zu verstehen sowie eine Finanzaufsicht für international agierende Konzerne und eine europäische Infrastruktur- und Verkehrspolitik, die über die nationalen Staaten und Regionen hinausgeht.

Leider konnten genau diese Aufgaben aufgrund der Einstimmigkeitsregel bis heute von der EU nicht geleistet werden.

Europa darf sich nicht von Technokraten in ein System zwingen lassen, das die Souveränität der Mitgliedstaaten durch die Brüsseler Zentralisierungspolitik verletzt und dadurch zur Unzufriedenheit bei Bürgern und Politikern in der EU beiträgt. Europäische Politik sollte dann auch, wie im zuvor beschriebenen föderalen System, vom Europäischen Parlament und seiner Regierung bestimmt werden und nicht von der derzeitigen Brüsseler Bürokratie.

So sollte Europa auf der Grundlage freier, souveräner demokratischer Staaten in einem föderalen System über einen Staatenbund zu einem Bundesstaat und damit zu einem vereinten Europa zusammenwachsen. Damit kann auch die verloren gegangene Akzeptanz der Bürger für ein vereinigtes Europa wieder zurückgewonnen werden.

Die Ausbeutung der Welt im globalen Kapitalismus

Wenn man von der Ausbeutung der Ressourcen und der verheerenden Zerstörung der Umwelt und Natur spricht, ist man in den Augen seiner Mitbürger schnell ein extremer Grüner oder ein Fantast, obwohl es dafür überhaupt keinen Grund gibt, denn die Zerstörung der Umwelt und Natur geht uns alle an. Es gibt nur diese eine Erde und wer glaubt, dass es aus ökologischer Sicht keinen Zusammenhang zwischen unserer imperialen Lebensweise und der Zerstörung unserer Ökosysteme bis hin zu interkontinentalen Fluchtbewegungen gibt, ist entweder ein Ignorant oder ein Blinder, der es nicht sehen will. Die Ursache ist die Abhängigkeit der südlichen Staaten von den Staaten des Nordens, die für ihre Lebensweise die Ausbeutung der Ressourcen benötigen. Wer sich den Prinzipien dieser kapitalistischen Machtstrukturen widersetzt, wird über kurz oder lang die Gewalt der mächtigen nördlichen Staaten zu spüren bekommen. Ziel und Sinn des neoliberalen Kapitalismus der nördlichen Hemisphäre, vor allem in der westlichen Welt, sind Profit und Kapitalakkumulation, verbunden mit Wachstumszwang und expansiven wirtschaftlichen Aktivitäten auf Kosten der Umwelt, Natur, ihrer Ressourcen und der Menschen, die dort leben. Die Welt steht am Abgrund und wir schauen zu, wie sie zu Grunde gerichtet wird, als wären wir nicht Teil dieser Welt und es ginge uns nichts an. Wir haben aber nur diese eine Erde, auf der wir leben, und es gilt sie gegen ihre Zerstörung zu verteidigen. Bis heute ist es nicht gelungen, die ökonomische Entwicklung der westlichen Konsumgesellschaften so zu verändern, dass sie eine sozialverträgliche Lebensweise der Restbevölkerung zulässt. Nachhaltigkeit, respektvoller Umgang mit der Natur und nicht zuletzt ein fairer Welthandel wären, wie im Kapitel »Globalisierung« erläutert, ein wichtiger und notwendiger Schritt, diesen Prozess zu verändern. Es geht nicht darum, mehr zu geben, sondern vielmehr darum, weniger zu nehmen. Die westliche Welt mit ihren Begehrlichkeiten zeigt der weltweiten Konsumgesellschaft in der Werbung all die Dinge, die »benötigt«, aber eigentlich gar nicht gebraucht werden.

Ob Hula-Hoop-Reifen oder die Plastikinsel für den Swimmingpool. Die Menschen haben nichts dazugelernt. Statt Autos mit weniger Energieverbrauch herzustellen und zu kaufen, ist der Trend zum SUV mit größerem Verbrauch ungebrochen, obwohl kaum einer dieser Geländewagen außerhalb der befestigten asphaltierten Straßen gefahren wird.

Die südlichen Länder befürchten einerseits mit Produkten überflutet zu werden, deren ökologische und gesundheitliche Risiken weitgehend ungeklärt sind. Andererseits wollen sie aber auch die Annehmlichkeiten der Wohlstandsgesellschaft erreichen. Der österreichische Autor und politische Aktivist Christian Felber[97] fordert daher ein neues Wirtschaftssystem, in dessen Zentrum das Gemeinwohl steht. »Das aktuelle Wirtschaftssystem produziert eine endlose Reihe von Kollateralschäden«, sagt Christian Felber.[98] Dabei verweise ich wieder auf die Neue Soziale Marktwirtschaft, ein humanistischeres Wirtschaftssystem, in dem das Gemeinwohl größere Beachtung findet und das mit sozialer Verantwortung eine bessere Wirtschaftsordnung darstellen würde.

Deutschland und Europa brauchen eine gesellschaftliche Veränderung insbesondere im Umweltbewusstsein, denn die

---

[97] Felber, Christian (geb. 1972), ist ein österreichischer Autor und politischer Aktivist.
[98] Vgl. Wikipedia: Gemeinwohl-Bilanz.

Erhaltung der natürlichen Lebensgrundlagen der Menschheit gehört zu den größten politischen Herausforderungen des 21. Jahrhunderts.

Die derzeitige Klimaveränderung ist das Ergebnis einer zerstörerischen Umwelt- und Ausbeutungspolitik der letzten fünfzig Jahre, zumindest hat sie die Klimaveränderung stark beeinflusst.

Der technische Fortschritt der Industriegesellschaft mit seinen negativen Auswirkungen auf das Klima zwingt die Menschen in der Umweltpolitik zum Umdenken. Der Treibhauseffekt, hervorgerufen durch die Energieproduktion und der Klimawandel sind Herausforderungen, für die die Politik anscheinend keine vernünftigen Lösungen hat.

Statt emissionsarme Verbrennungsmotoren in der Übergangszeit zuzulassen, setzt man den technischen Fortschritt Deutschlands aufs Spiel. Mit der »Demontage« der deutschen Autoindustrie steuert Deutschland in eine ungewisse Zukunft, denn die Autoindustrie war bisher eine Schlüsselindustrie der deutschen Wirtschaft. Auch ist noch nicht geklärt, was die Energie der Zukunft sein wird. Nach Treibhausgasreduzierende Energieträger für die verschiedensten Anwendungsfelder wird weltweit geforscht.

Die Elektromobilität hat inzwischen an Vorrang gewonnen. Aber auch Wasserstoff gewinnt zunehmend an Bedeutung.

Seit das Klimathema nicht mehr nur als Ausdruck übermenschlicher Kräfte verstanden, sondern auch als Ergebnis menschlichen Handelns angesehen wird, kursieren abstruse Erklärungen bis zu Verschwörungstheorien in den sozialen Medien, wie etwa die Atombombenversuche in den fünfziger Jahren, die Weltraumfahrt in den Siebziger oder die brennenden Ölfelder in Kuwait in den achtziger Jahren, denen diese Veränderungen zugeschrieben wurden.

Aussagen, die an der Realität vorbeigingen, aber letztendlich bleibt die Frage: »Ist die Menschheit dabei, das Klima und damit die eigene Lebensgrundlage zu zerstören?«

Nach Aussage von Professor Harald Lesch[99] von der Universität München hat die Entwicklung der letzten 20 Jahre gezeigt, dass die Menschen genau das Gegenteil von dem gemacht haben, was sie eigentlich hätten tun sollen. Vor allem wurde durch ökonomische Prozesse Natur in einem Ausmaß vernichtet, das kaum noch zu beschreiben ist.

Die Abholzung des Regenwaldes und vor allem die Ausbeutung fossiler Energieträger haben das Gesicht des Planeten verändert. In der kanadischen Provinz Alberta sind in den sogenannten Ölsanden etwa 25 Milliarden Tonnen Öl gespeichert, nur Saudi-Arabien hat mehr Öl. Diese Sedimente bestehen aus einer erdölhaltigen Bitumenmasse, Sanden und Wasser. In zwei Tonnen des klebrig-zähen Bodens steckt ungefähr ein Barrel (159 Liter) Erdöl. Wegen der hohen Ölpreise rentiert es sich inzwischen, das Erdöl in aufwendiger Arbeit aus den Ölsanden zu gewinnen. Der Abbau hat bereits begonnen. 140.000 Quadratkilometer gelten als potenzielles Tagebaugebiet, das entspricht etwa 40 Prozent der Fläche Deutschlands. Für die Gewinnung des Öls zerstört der Mensch in wenigen Jahrzehnten, was sich in Millionen Jahren natürlich entwickelt hat. Die Narben, die in der Erdkruste zurückbleiben, sind der Preis für den modernen Lebensstil.

Jedoch das weltweit größte Problem ist die zunehmende Erdbevölkerung mit ihrer Urbanisierung. Die Weltbevölkerung wächst pro Tag um 220.000 Menschen.

Um die Geburtenrate in den »Entwicklungsländern« zu senken, sind Bildung, Aufklärung und die Sicherung der Altersversorgung von entscheidender Bedeutung, damit die Alters-

---

[99] Lesch, Harald (geb. 1960), ist ein deutscher Astrophysiker, Naturphilosoph, Wissenschaftsjournalist, Fernsehmoderator und Hörbuchsprecher.

versorgung in diesen Ländern in der Zukunft nicht länger von der Kinderzahl abhängig ist.

Um die Geburtenrate etwa der Sterberate anzugleichen, wäre ein grundlegender Strukturwandel in den Entwicklungs- und Schwellenländern nötig. Ein Thema von außerordentlicher Bedeutung, denn der Mensch ist für fast alle Probleme dieser Welt verantwortlich.

Statt immer mehr Geld in Industriewachstum und militärische Rüstungsgüter zu investieren, wäre es viel besser in der Schulbildung, der Empfängnisverhütung und der Altersversorgung dieser Menschen angelegt. Saudi-Arabien beispielsweise hat längst erkannt, dass der natürliche Reichtum durch Öl zu Ende geht und investiert jetzt in zukunftsorientierte Branchen und in ein Zentrum moderner Technologien, das seinesgleichen sucht.

Es ist Zeit zum Umdenken. Die natürlichen Vorkommen der wichtigsten Metalle wie Gold, Silber, Kupfer usw. werden bald ebenso versiegen wie die kostbaren seltenen Erden, die heute in unseren Handys oder Smartphone verarbeitet werden. Eine Zukunft ohne Lithium und seltene Erden ist aus heutiger Sicht kaum vorstellbar. Sie sind eingebaut in Batterien, Laptops, Handys, Katalysatoren, CD-Player und Elektromotoren.

Das Problem ist, diese Rohstoffe sind nicht in Massen verfügbar, die Gewinnung ist aufwendig und genau das macht sie so kostbar. Die Jagd nach den Metallen lässt Monopole entstehen, die Exportmengen und Marktpreise bestimmen. Dies führt zu Versuchen, Länder mit großen Vorkommen von Ressourcen auszubeuten. Es ist das Öl von morgen. Der bolivianische Präsident Evo Morales[100] befürchtete beim Lithium eine Wiederholung der Geschichte. Ab 1545 wurden Tonnen von Silber nach Spanien verschleppt, um die spanische Krone zu finanzieren. Für die Ureinwohner Boliviens war es eine Geschichte

---

[100] Morales, Evo (geb. 1959), war von 2006 bis 2019 Präsident Boliviens.

Entwicklung der Weltbevölkerungszahl von Christi Geburt bis zum Jahr 2020 (in Milliarden). *Quelle: Statista*

Jahr	Weltbevölkerung in Milliarden
0	0,3
1000	0,31
1250	0,4
1500	0,5
1750	0,79
1800	0,98
1850	1,26
1900	1,65
1950	2,54
1960	3,03
1970	3,7
1980	4,46
1990	5,33
2000	6,14
2005	6,54
2010	6,96
2015	7,38
2016	7,46
2017	7,55
2018	7,63
2019	7,71
2020	7,79

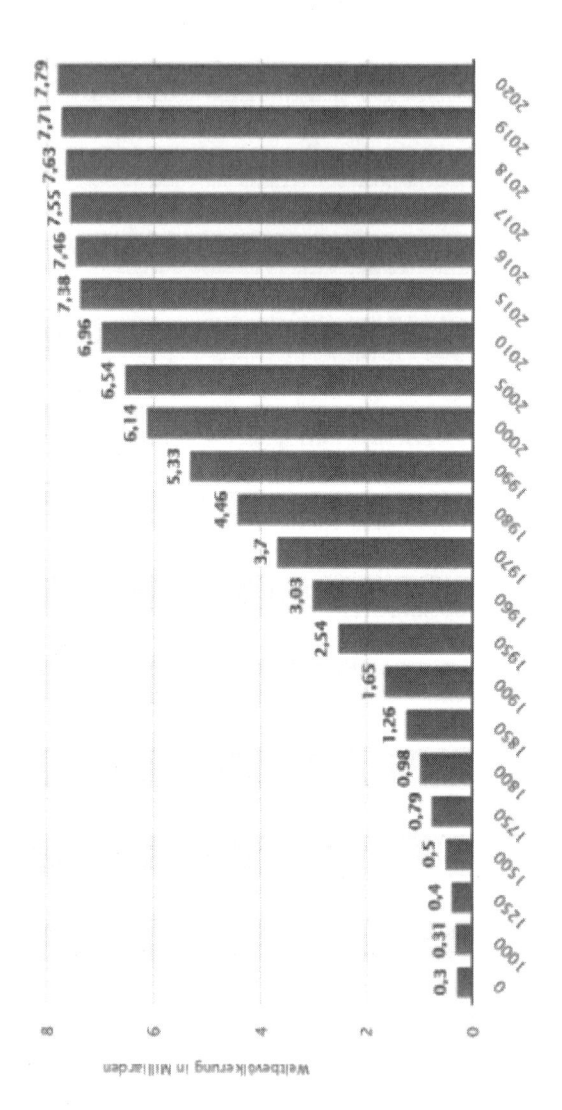

der Unterdrückung und Ausbeutung. Acht Millionen Indianer starben in den Schächten. Der Silberreichtum hat in Bolivien nur eine Misere hinterlassen.

In den vergangenen Jahren wurde im Salar de Uyuni[101] in Bolivien, dem größten Salzsee der Erde, ein gigantischer Schatz unter der dicken Salzkruste entdeckt: Lithium. Die Hoffnung und die Chance Boliviens auf eine bessere Zukunft. Das Metall ist in einer Salzlauge gebunden, die etwa in vierzig Metern Tiefe unter dem Salzsee vorkommt. Daraufhin hat Bolivien die Verfassung geändert und die Bodenschätze verstaatlicht. Der Staat besitzt seitdem wieder die Kontrolle über die Bodenschätze und die natürlichen Ressourcen.

Deutschland hingegen ist nicht mit reichen Bodenschätzen gesegnet. Hier zählt die Braunkohle zu den wichtigsten Rohstoffen, die aber auch zur Zerstörung der Natur und der Umweltverschmutzung beiträgt. Wenn man den Erhebungen des Statistischen Bundesamtes Glauben schenken darf, werden heute in Deutschland die Rohstoffe effizienter verbraucht. Zwischen 2000 und 2012 sei die Produktivität mit gleichem Rohstoff-Einsatz um fast ein Viertel gestiegen, somit wurden ein Viertel mehr Produkte hergestellt.[102] Erfreulich verlaufe die Entwicklung auch bei sogenannten abiotischen Rohstoffen wie Erzen, Steinen, Kies, Sand, Salz und Kohle. Gegenüber dem Jahr 2000 würden mittlerweile acht Prozent weniger eingesetzt, bei steigender Wirtschaftsleistung. Trotzdem muss Deutschland sparsamer mit seinen Hightech- Metallen umgehen. Recycling ist nach Expertenmeinung eine der Lösungen für die Zukunft.

Die globale Energiewirtschaft steht vor dem Wandel zu nachhaltigen Technologien. In diesem Trend muss auch die

---

[101] Der Salar de Uyuni in den Anden im Südwesten Boliviens ist die größte Salzpfanne der Erde.
[102] Vgl. Statistisches Bundesamt: Umweltökonomische Gesamtrechnungen, 2016.

deutsche Energiewirtschaft mit ihren erneuerbaren Energien in die Lage versetzt werden, sowohl den Anforderungen der Globalisierung als auch den Umweltschutz zu erfüllen. Bis dahin ist es noch ein weiter Weg und viele von uns Menschen selbstgemachte Probleme müssen erst gelöst und beseitigt werden, bevor wir an ein ökologisches Gleichgewicht denken können. Hierzu zählen unter anderem die Entsorgung des Atommülls, die Verschmutzung der Meere oder die Abholzung der Regenwälder.

Zur Lösung müsste eine umgehende weltweite Wiederaufforstung der Wälder, eine nachhaltige ökologische Landwirtschaft und eine artgerechte Tierhaltung umgesetzt werden. Eine ökologische Landwirtschaft hat zudem viele positive Auswirkungen auf Bodenschutz, Gewässerschutz, Artenschutz und Tierschutz. Sie trägt Verantwortung für Mensch, Tier, Natur und Umwelt und muss sich an einer naturnahen, artgerechten Haltung messen lassen. »Bio« ist ein guter Ansatz, der aber unbedingt weiterentwickelt und verbessert werden muss. Hierbei sollte der Blick stärker auf den ganzheitlichen Prozess gerichtet werden. Ein »Bio-Schwein« aus Massentierhaltung darf es ebenso wenig geben wie das »Bio-Basilikum« aus Fernost, das durch Kinderarbeit geerntet und mit Schweröltankern nach Europa gebracht wird.

Trotz der Mahnung vieler Wissenschaftler, dass sich die verheerenden Umweltzerstörungen und das drastische Artensterben, durch den Klimawandel und Katastrophen rächen würden, ist die Ausbeutung der Ressourcen in den Herkunftsländern weiter gestiegen. Ein totales Umdenken wäre nötig, um eine ökologische und sozial-ökonomische Lebensweise zu erreichen, denn die westliche Lebensweise und ihr Wirtschaftssystem sind nicht auf Nachhaltigkeit, sondern auf Verschwendung und Konsum aufgebaut. Die Menschheit kommt anscheinend erst dann wieder zur Vernunft, wenn es keinen Ausweg mehr zu geben scheint.

Ich wünsche mir, dass den Menschen bewusst wird, welche Umweltsünden sie mit der Ausbeutung der Welt begehen und endlich begreifen, dass sie für den Erhalt der Erde und ihrer Natur die volle Verantwortung tragen.

Gesellschaft im Wandel der großen Herausforderungen

Als sozialen oder kulturellen Wandel bezeichnet man die gesellschaftlichen Veränderungen, die eine Gesellschaft über einen längeren Zeitraum in ständigen Veränderungsprozessen durchlebt. Besonders gravierend waren diese Veränderungen in den Gründerjahren der Bundesrepublik Deutschland und in der Wirtschaftswunderzeit der fünfziger und sechziger Jahre durch die Kriegsauswirkungen.

Im Krieg geboren, habe ich die ärgste Not direkt nach dem Kriegsende 1945 nicht so intensiv wahrgenommen wie meine älteren Geschwister. Deutschland glich damals einer Trümmerlandschaft. Es herrschte große Wohnungsnot und Orientierungslosigkeit, denn diese Zeit war geprägt durch die Vertreibung der Deutschen aus ihren östlichen Siedlungsgebieten, vor allem aus bis dahin deutschen Gebieten wie Pommern, Schlesien, Ostpreußen und dem Sudetenland. Insgesamt wurden 12 Millionen Deutsche gezwungen, ihre Heimat in Mittel- und Osteuropa wegen der Annexion der deutschen Ostgebiete durch Russland und Polen zu verlassen.

Die Siegermächte propagierten die Befreiung Deutschlands vom Nationalsozialismus und der Hitlerdiktatur und beschlossen die Demontage der Industrieanlagen, die Demilitarisierung, Demokratisierung und Dezentralisierung, die Deutschland den Föderalismus bescherte. Die Siegermächte wollten keine erneute Machtkonzentration in Deutschland zulassen. Aus der Sicht vieler Deutscher war es nicht die propagierte

Befreiung vom Nationalsozialismus sondern die Erkenntnis der Niederlage und das Erdulden der Besatzung.

Man muss dabei berücksichtigen, dass die Menschen in Deutschland damals ein völlig anderes Verständnis von Vaterland und Nationalstolz hatten als heute, das sich jedoch in den nachfolgenden Generationen grundlegend änderte.

Die Männer kehrten nach und nach aus der Kriegsgefangenschaft nach Hause zurück und versuchten gemeinsam mit den »Trümmerfrauen« einen Neuanfang. Hunger und Kälte begleitet von Mangelerkrankungen erschwerten die Arbeit und den Wiederaufbau. In dieser Zeit nach dem Krieg war die wirtschaftliche Lage in Deutschland desolat. Es fehlte an Nahrungsmitteln und Kleidung. Andere Konsumgüter wurden nur auf Karten und Bezugsscheine zugeteilt. Man verlegte sich auf Tauschgeschäfte, um an dringend notwendige Dinge heranzukommen. Tauschhandel und Schwarzarbeit blühten, bis sich im Juni 1948 die Währungsreform ankündigte. Was vorher von den Geschäftsinhabern zurückgehalten, gehortet und von den Menschen so schmerzlich vermisst wurde, konnte jetzt wieder mit der neuen Währung, der Deutschen Mark[103], gekauft werden.

In den Vereinigten Staaten wurde der Marshallplan für Europa angekündigt. Dieser ging auf die Initiative von George C. Marshall[104] zurück, der Hilfe für die notleidende und teilweise hungernde Bevölkerung Europas nach dem Zweiten Weltkrieg forderte. Durch das 12,4-Milliarden-Dollar-Programm des Marshallplans[105] wurden aber die Nachbarstaaten stärker

---

[103] Die Deutsche Mark (abgekürzt DM und im internationalen Bankenverkehr DEM, umgangssprachlich auch D-Mark oder kurz Mark, im englischsprachigen Raum meist Deutschmark) war von 1948 bis 1998 als Buchgeld, bis 2001 nur noch als Bargeld die offizielle Währung in der Bundesrepublik Deutschland.
[104] Marshall, George (1880–1959), war ein US-amerikanischer Fünf-Sterne-General und Staatsmann.
[105] Der Marshallplan, offiziell European Recovery Program (ERP) war ein großes Aufbauprogramm der Vereinigten Staaten von Amerika, das nach

gefördert als das zerstörte Deutschland selbst. Als das Programm auslief, waren die Wirtschaften aller Teilnehmerstaaten, ausgenommen die des weitgehend zerstörten Deutschlands, stärker als vor dem Krieg.

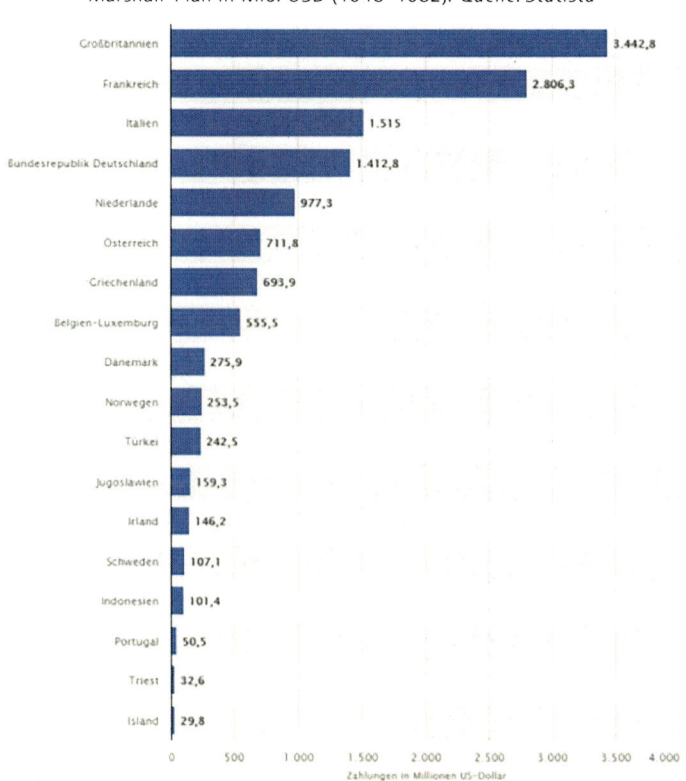

Marshall-Plan in Mio. USD (1948–1952). *Quelle: Statista*

Land	Mio. USD
Großbritannien	3.442,8
Frankreich	2.806,3
Italien	1.515
Bundesrepublik Deutschland	1.412,8
Niederlande	977,3
Österreich	711,8
Griechenland	693,9
Belgien-Luxemburg	555,5
Dänemark	275,9
Norwegen	253,5
Türkei	242,5
Jugoslawien	159,3
Irland	146,2
Schweden	107,1
Indonesien	101,4
Portugal	50,5
Triest	32,6
Island	29,8

Zahlungen in Millionen US-Dollar

Als in den fünfziger Jahren die Wirtschaftswunderzeit anbrach und der Wiederaufbau einsetzte, begann eine Zeit rasanten wirtschaftlichen Aufschwungs.

---

dem Zweiten Weltkrieg dem an den Folgen des Krieges leidenden Westeuropa zugutekam.

Der Kalte Krieg und die politische Bindung an den Westen unter Bundeskanzler Adenauer sowie die von Ludwig Erhard eingeführte soziale Marktwirtschaft und der schnelle Wiederaufbau führten in Europa und in der Welt zu neuer Wertschätzung der Bundesrepublik Deutschland. Der Gewinn der Fußballweltmeisterschaft 1954 brachte dazu unerwartet wieder ein Siegesgefühl in die deutschen Wohnzimmer.

Die zum Schutz der britischen Wirtschaft eingeführte Kennzeichnungspflicht »Made in Germany« avancierte als Markenzeichen für in Deutschland produzierte Güter schnell zum Qualitätssiegel für Waren von besonderer Güteklasse. Heute erhalten auch dann Produkte noch das Gütesiegel mit der Kennzeichnung »Made in Germany«, wenn sie zu über 90 Prozent im Ausland gefertigt wurden, solange nur die Endmontage in Deutschland erfolgt ist.

Der Alltag und das Konsumverhalten veränderten sich in der Wirtschaftswunderzeit der 50er Jahre deutlich. Waren es in der Notzeit Dinge, die man mehr oder weniger zum Überleben brauchte, setzte mit wachsendem Wohlstand die Nachfrage nach Luxusgütern ein. Elektrohaushaltsgeräte, Urlaubsreisen und vor allem ein eigenes Auto standen nun auf der Wunschliste.

So wuchs auch der Wunsch auf Reisen und weckte die Sehnsucht der Deutschen nach ihrem beliebtesten Reiseland Italien. Die Wirtschaft boomte und die Arbeitslosigkeit sank bis 1961 unter ein Prozent.

Die Anwerbepolitik der Bundesrepublik Deutschland, die 1955 mit dem Anwerbeabkommen in Italien begann, wurde in den 60er Jahren auf weitere Länder wie Spanien und Griechenland (1960), Türkei (1961), Marokko und Südkorea (1963), Portugal (1964), Tunesien (1965) und Jugoslawien (1968) ausgeweitet.

Diese Abkommen waren so wichtig, weil nach dem Mauerbau 1961 kaum noch Übersiedler aus der DDR kamen.

Auch in der Landwirtschaft, in der damals noch zwei Drittel der Bevölkerung beschäftigt waren, konnte man den rasanten technischen Fortschritt miterleben

Durch den technischen Fortschritt, der Veränderung der Gesellschaft und den rasanten Wandel haben auch die großen christlichen Kirchen deutlich an gesellschaftlichem Einfluss verloren, was sich an den Kirchenmitgliedschaftszahlen ablesen lässt. Waren 1950 noch 96,4 Prozent der Deutschen Anhänger der beiden christlichen Konfessionen, sind es heute nur noch knapp über 50 Prozent.

Mit den 60er Jahren begann ein Jahrzehnt des Umbruchs. Die Aufbaugeneration hatte einen gewissen Wohlstand erreicht und war mit dem Status quo zufrieden. Die Jugend hingegen suchte nach neuen Antworten auf die Fragen zu den Problemen und Konflikten in einer Zeit, in der die Konfrontation zwischen Ost und West in einem irrsinnigen Aufrüstungswettlauf gipfelte. Der Mauerbau, die Kubakrise und die Spiegel-Affäre[106] bis zum unrühmlichen Vietnamkrieg ließen Zweifel an der Glaubwürdigkeit und Richtigkeit der damaligen Politik aufkommen.

In mehreren Universitätsstädten machten Studenten ihrem Unmut und ihrer Unzufriedenheit über das verstaubte Hochschulwesen und die Scheinheiligkeit der verkrusteten Gesellschaftsstrukturen durch Demonstrationen Luft. Die linksgerichtete Bürgerrechtsbewegung und die Studentenbewegung forderten das Aufbrechen der starren Strukturen und mehr kulturelle und gesellschaftliche Freiheiten. Die Folge war eine rebellierende Jugend gegen das Establishment und gegen die alten Autoritäten. Es entwickelte sich eine außerparlamentarische Opposition, kurz APO[107] genannt.

---

[106] Die Spiegel-Affäre 1962 war eine politische Affäre, bei der sich Mitarbeiter des Nachrichtenmagazins Der Spiegel aufgrund eines kritischen Artikels der Strafverfolgung wegen angeblichen Landesverrats ausgesetzt sahen.
[107] Außerparlamentarische Opposition (APO) beschreibt eine Opposition, die außerhalb des Parlamentes stattfindet, weil die APO entweder durch die im

Als dann beim Staatsbesuch des Schahs von Persien, Reza Pahlavi[108], der in seiner Heimat als ungeliebter Diktator galt, die Demonstrationen in einer Massenschlacht eskalierten und der Student Benno Ohnesorg[109] von einer Polizeikugel tödlich getroffen wurde, radikalisierte sich die Studentenbewegung zusehends. Die »68er-Proteste«[110] veränderten die Gesellschaft nachhaltig, wenn auch die Ziele der Bewegung bis heute nicht klar definiert werden konnten. Eine ihrer Errungenschaften war wohl die »sexuelle Befreiung«. Heute, so scheint es, muss sich niemand mehr befreien. Jeder kann und darf, wie und mit wem er will, und niemand muss sich mehr verstecken.[111]

Mit wachsendem Wohlstand vollzog sich ein kontinuierlicher sektoraler Strukturwandel vom Agrarsektor über die Industriegesellschaft zu einer Dienstleistungsgesellschaft. In Deutschland waren die Veränderungen auf allen Ebenen zu spüren.

Die Gesellschaft war zudem in vielerlei Hinsicht sensibler geworden, vor allem was die Weltpolitik betraf. Anhaltende Proteste und die Studentenbewegung mit Demonstrationen gegen den Vietnamkrieg und atomare Aufrüstung kennzeichneten den Übergang in die siebziger Jahre. Die Studentenbewegung ebbte langsam ab, da sich ihre Anführer im Kampf für gesellschaftliche Veränderung für verschiedene Strategien entschieden. Während einige sich in eine parlamentarische Zusammenarbeit begaben und sich zum Beispiel

---

Parlament vertretenen oder sonstigen Parteien kein Sprachrohr hat oder auch gar nicht haben will.
[108] Pahlavi, Mohammad Reza (1919–1980), war der letzte iranische Schah.
[109] Ohnesorg, Benno (1940–1967), war ein Student und Teilnehmer an der Demonstration am 2. Juni 1967 in West-Berlin gegen den Staatsbesuch von Schah Mohammad Reza Pahlavi.
[110] Als 68er-Bewegung werden soziale Bewegungen der Neuen Linken zusammengefasst, die in den 1960er Jahren aktiv waren und in einigen Staaten im Jahr 1968 besonders hervortraten.
[111] Vgl. Süddeutsche Zeitung: »Elf Dinge, die uns die 68er-Bewegung hinterlassen hat«, 2. Juni 2017.

in der SPD oder in der neu gegründeten DKP[112] engagierten, setzten andere auf eine gewaltsame Veränderung der Gesellschaft. Daraus formierte sich die bewaffnete linksextremistische terroristische Vereinigung der Roten Armee Fraktion (RAF)[113]. Sie verstand sich als kommunistische antiimperialistische Guerillaorganisation im Kampf gegen den US-Imperialismus, der nach ihrer Ansicht auch in Europa geführt werden musste. Auf ihr Konto gingen 34 Morde, Entführungen, zahlreiche Banküberfälle und Sprengstoffattentate mit vielen Verletzten und erheblichen Sachschäden.

Es gab zumindest in der Anfangsphase auch Sympathien für die RAF-Gruppe in der Bevölkerung, denn in Deutschland hatte sich in weiten Teilen der Bevölkerung eine antiamerikanische Stimmung entwickelt, die die westlich imperialistische Politik der Amerikaner ablehnte.

Doch in den Folgejahren verlor die RAF vor allem in der zweiten Generation das Verständnis der Gesellschaft für ihre Aktionen und agierte als abgeschottete militante Gruppierung aus dem Untergrund. In den Monaten September und Oktober 1977 erreichte der Terror der RAF mit dem Versuch der Freipressung ihrer inhaftierten Mitglieder der ersten Generation ihren Höhepunkt. Nach dem zweiten gescheiterten Versuch der Freipressung durch die Entführung der Lufthansamaschine »Landshut« und deren Befreiung durch die Spezialeinheit GSG 9 begingen die Inhaftierten Selbstmord. Erst am 20. April 1998 verkündete die RAF ihre Auflösung.

In Deutschland war eine Generation herangewachsen, die ihrer älteren Kriegsgeneration sehr kritisch gegenüberstand, was zum Beispiel die Entnazifizierung oder die Wertegesellschaft und ihre politischen Ansichten betraf. Die vergangene

---

[112] Die Deutsche Kommunistische Partei (DKP) ist eine 1968 in der Bundesrepublik Deutschland gegründete kommunistische Kleinpartei.
[113] Die Rote Armee Fraktion (RAF) war eine linksextremistische terroristische Vereinigung in der Bundesrepublik Deutschland.

Epoche hatte ihre Spuren hinterlassen und die gesellschaftlichen Veränderungen waren unübersehbar.

Die Geborgenheit in der traditionellen Familie erscheint am Ende der siebziger und in den achtziger Jahren der neuen Generation nicht mehr so wichtig. Das Gefühl, in einer großen familiären Solidargemeinschaft zu leben, ging ebenso verloren wie das gemeinsame Erleben. Statt des großen Glücks in der Solidargemeinschaft und in der Familie suchte man die vielen kleinen Glücksmomente im Alltag für sich alleine. Auch die Scheidungsrate stieg deutlich an. Wurde 1960 nur jede zehnte Ehe geschieden, war es in der 80er Jahren bereits jede dritte bis vierte und in den 2000er Jahren hielt nur noch jede zweite Ehe.[114] Die traditionellen Bindungen in der Gesellschaft lösten sich weitestgehend auf und damit auch ein Stück Sicherheit, Geborgenheit und Beständigkeit. Der einzelne Mensch stand zunehmend für sich alleine in seiner Eigenverantwortung im Mittelpunkt. Jeder suchte für sich alleine in neuen Bindungen wie Freundeskreisen und Szenen neue Glücksmomente, um mehr Abwechslung im Alltag zu erleben. Gleichzeitig erhielten die Äußerlichkeiten wie Modestile und vor allem Musik- und Fernsehshows mehr Aufmerksamkeit und gewannen durch die Medien, im Besonderen durch das Fernsehen und später auch durch die neuen Medien, immer mehr an Bedeutung. Ihr Einfluss auf die Gesellschaft war und ist weiterhin gewaltig.

Eine ganz wichtige Veränderung in der Gesellschaft vollzog sich durch die Frauenbewegung in den Siebzigern, in der die Emanzipation der Frauen und eine Sexualaufklärung gefordert wurden, die sich an den Bedürfnissen der Frauen orientierte. Unter Emanzipation versteht man die Fähigkeit, eine eigenständige individuelle Lebensperspektive zu entwickeln, seine eigene Existenz zu sichern und an der sozialen Gemeinschaft teilzunehmen. War es doch den Frauen bis zu

---

[114] Vgl. Statista: Scheidungsquote in Deutschland von 1960 bis 2018, 2020.

dieser Zeit beispielsweise nicht vergönnt, alleine in Gaststätten zu gehen, wo die Männer am Skattisch saßen und ihr Bier tranken, wurde nun die Rolle der Frau neu hinterfragt. Die Emanzipationsbewegung gab dem weiblichen Geschlecht zum ersten Mal das Gefühl und das Recht, in der Gleichstellung von Mann und Frau durch die Gleichberechtigung auch den gleichen beruflichen Erfolg erreichen zu können.

In der Frage der Gleichberechtigung zwischen Mann und Frau konnte bis heute kein gerechtes, zufriedenstellendes Ergebnis erzielt werden, aber aus der Perspektive der Siebziger sind die Errungenschaften der Frauenbewegung eine beispiellose Erfolgsgeschichte.

Seit den 80er Jahren wird die Frauenquote als wesentliches Instrument der Personalpolitik bei der Besetzung von Gremien oder Stellen verstanden Der angestrebte Zweck der Frauenquote ist die Gleichstellung von Frauen und Männern in Gesellschaft, Politik, Wirtschaft und Kultur.

Heute wissen wir, dass alleine die Frauenquote die Lösung nicht sein wird. Was fehlt, sind flexiblere Arbeitszeiten, höhere Gehälter für Frauen und ein familienfreundliches Berufsumfeld. Wie die Frauenquote zu bewerten ist, überlasse ich dem Zeitgeist.

Zur gleichen Zeit war der Wunsch nach mehr Freiheit und Veränderung in den Warschauer-Pakt-Staaten deutlich spürbar. In Polen kam es nach mehreren Streiks wegen drastisch erhöhter Fleischpreise zur Gründung der freien Gewerkschaft Solidarność[115], deren Vorsitzender Lech Walesa[116] wurde. Ihm gelang es in Verhandlungen mit der polnischen Regierung, ihre Forderungen vertraglich festzulegen. Lech Walesa erhielt

---

[115] Solidarność ist der Name einer polnischen Gewerkschaft, die 1980 aus einer Streikbewegung heraus entstand und an der Revolution und Reform 1989 entscheidend mitwirkte.
[116] Walesa, Lech (geb. 1943), ist ein polnischer Politiker und Friedensnobelpreisträger.

1983 den Friedensnobelpreis und wurde 1990 zum Staatspräsidenten Polens gewählt.

So, wie man sich in Polen mit Solidarność auf die Politik der damaligen Sowjetunion unter Gorbatschow mit Perestroika[117] und Glasnost[118] berief, war auch in der DDR der Ruf nach Freiheit nicht zu überhören. Die ständige Vertretung der Bundesrepublik in der DDR und die deutsche Botschaft in Prag waren überfüllt mit DDR-Flüchtlingen und mussten vorübergehend geschlossen werden. Am 2. Mai 1989 öffnete Ungarn seine Grenze zu Österreich. Daraufhin versuchten Hunderte DDR-Bürger über Ungarn in den Westen zu gelangen. Andere suchten die Botschaften der Bundesrepublik in Budapest, Prag und Warschau auf, um an westdeutsche Reisepapiere zu kommen.

Am 7. Oktober sagte Michail Gorbatschow[119] in seiner Rede vor dem Politbüro der DDR frei übersetzt den oft zitierten Satz: »Wer zu spät kommt, den bestraft das Leben«. Es war eine freie Übersetzung seiner Worte: »Gefahren warten auf jene, die nicht auf das Leben reagieren.« Gorbatschow hat mit seiner Politik die Welt verändert wie kaum ein anderer.

In der DDR selbst bekamen die Montagsdemonstrationen mit ihrem Slogan »Wir sind das Volk« immer mehr Zulauf. Als am 16. Oktober 120.000 Menschen auf die Straße gingen, erklärte Erich Honecker[120] am 18. Oktober seinen Rücktritt.

---

[117] Perestroika bezeichnet den von Michail Gorbatschow ab Anfang 1986 eingeleiteten Prozess zum Umbau und zur Modernisierung des gesellschaftlichen, politischen und wirtschaftlichen Systems der Sowjetunion, die von der Einheitspartei KPdSU beherrscht wurde.
[118] Glasnost bezeichnet als Schlagwort die nach seinem Amtsantritt im März 1985 von Generalsekretär Michail Gorbatschow in der Sowjetunion eingeleitete Politik einer größeren Transparenz und Offenheit der Staatsführung gegenüber der Bevölkerung.
[119] Gorbatschow, Michail (geb. 1931), war von 1990 bis 1991 Staatspräsident der Sowjetunion.
[120] Honecker, Erich (1912–1994), war von 1971 bis 1989 Generalsekretär des Zentralkomitees der Sozialistischen Einheitspartei Deutschlands (SED).

Sein Nachfolger Egon Krenz[121] versuchte mit Zugeständnissen die Bürger zu beruhigen. Doch es war bereits zu spät. Am 4. November erlebte Ostberlin die größte Demonstration der Nachkriegsgeschichte. Etwa eine Million Teilnehmer hatten sich auf dem Alexanderplatz eingefunden, um gegen die SED und für mehr Demokratie und mehr Freiheit zu demonstrieren. Am Abend des 9. November gab Günter Schabowski[122], Mitglied des Politbüros der SED in Ostberlin, eine Pressekonferenz vor Journalisten aus aller Welt, in der er ab sofort die Reisefreiheit ohne Visumszwang für die Bürger der DDR verkündete. Daraufhin strömten ab 22 Uhr Tausende DDR-Bürger zu den Übergangsstellen nach Westberlin und riefen »Aufmachen, aufmachen!«. Bis die DDR-Grenzpolizei dem Ansturm der Massen nachgab und die Übergangsstellen öffnete. Im Westen rieb man sich die Augen, denn das, was vor Wochen noch undenkbar erschienen war, war Wirklichkeit geworden. Die Mauer war gefallen.

Die dann einsetzenden Erkundungsbesuche stärkten den Willen zur Wiedervereinigung und aus dem Slogan »Wir sind das Volk« wurde »Wir sind ein Volk«. Die Verwirrung im Westen war groß.

Aber unbeirrt von den Turbulenzen legte Helmut Kohl dem Bundestag am 18. November 1989 einen Zehn-Punkte-Plan vor. Er schlug darin zur Überraschung des Auslands, der Alliierten wie der DDR-Führung einen Stufenplan zur Vereinigung Deutschlands und Europas vor, der als Wegmarke für die deutsche Wiedervereinigung gilt. Ein genialer Schachzug, dessen besondere Bedeutung bis heute unterschätzt wird.

---

[121] Krenz, Egon (geb. 1937), war 1989 Generalsekretär der SED und Staatsratsvorsitzender der DDR.
[122] Schabowski, Günter (1929–2015), war ein deutscher Journalist und Politiker und gehörte dem Zentralkomitee der SED von 1981 bis zu dessen Auflösung 1989 an.

Am 3. Oktober 1990 wurde Deutschland wiedervereint, die gesellschaftliche Zusammenführung sollte jedoch noch eine große Herausforderung für alle Deutschen darstellen.

Auch 30 Jahre nach dem Fall der Berliner Mauer fühlen Deutsche immer noch große Unterschiede zwischen alten und neuen Bundesländern. Ost und West scheinen sich immer noch fremd zu sein, wie eine aktuelle Studie zeigt.[123]

Große Unterschiede zeigen sich auch im Wahlverhalten. So ist der Zuspruch zur AfD, die sich nach neuer Selbstbeschreibung nun als Protest-Partei bezeichnet, wesentlich größer als in den westlichen Bundesländern. Signifikante Einflussfaktoren für die AfD-Wahl sind Demokratie- und Parteienunzufriedenheit, Migrations- und Integrationsskepsis sowie neuerdings auch die Ablehnung Merkels als Bundeskanzlerin.[124]

Die Ostdeutschen hätten beispielsweise nach 1990 nie die Bundesregierung gewählt, die nach der jeweiligen Wahl tatsächlich zustande gekommen ist.

Die 90er Jahre waren gekennzeichnet durch hohe Arbeitslosigkeit, die über die Jahrtausendwende hinaus anhielt. Erst ab 2006 hat sich die Lage am Arbeitsmarkt leicht entspannt.

Die von Bundeskanzler Gerhard Schröder 2003 eingeführte Agenda 2010 veränderte die Arbeitswelt nachhaltig. Der darauf folgenden wirtschaftlichen Erholung stehen jedoch leider gravierende Nachteile der arbeitenden Bevölkerung gegenüber. Die Agenda 2010 ist das umstrittenste Reformprojekt der Nachkriegsgeschichte und hat die deutsche Arbeitswelt weitgehend umgekrempelt. Sie war auf der einen Seite sicherlich der Wirtschaft hilfreich, aber auf der anderen Seite verstärkte sich der soziale Abstieg der eh schon gebeutelten unteren Bevölkerungsschicht.

---

[123] Vgl. Körber Stiftung: »Deutsche schauen nach Westen«, 2019.
[124] Vgl. Heinrich Böll Stiftung, Böll.Thema: »Neue Zonen – Ost vs. West?« Ausg. 1/2019.

In dieser Zeit wurde durch die verstärkte Umverteilung der erwirtschafteten Erträge und Vermögen von unten nach oben aus dem einstigen Wirtschaftswunderland ein Land auf dem Weg in die Zweiklassengesellschaft, in der große Teile der Bevölkerung immer ärmer und die Reichen immer reicher werden.

Die Agenda 2010 war unausgewogen und einseitig. Weitere Korrekturen sind noch dringend notwendig, um einer zunehmenden Spaltung der Gesellschaft nicht Vorschub zu leisten.

Ich hätte nie geglaubt, dass sich in Deutschland eine regelrechte Lohnsklaverei entwickeln würde. Es war das Versagen der Gewerkschaften, die Zuständigkeit der Tarifpolitik aus der Hand zu geben, und ein Armutszeugnis der deutschen Politik und ihrer Institutionen, dass sich die darauf folgende marktwirtschaftliche Gestaltung in Deutschland weder an sozialmarkwirtschaftlichen Regeln noch am Bürgerwillen orientierte, sondern einseitig, undemokratisch vom neoliberalen Kapitalismus bestimmt wurde. So dient das jetzige Wirtschaftssystem immer weniger dem Volk, sondern einer vermögenden kleineren Schicht mit einer enormen Kapital- und Machtkonzentration.

Der Slogan dieses Systems heißt: »Wohlstand und Vermögen für wenige, Armut für den Großteil der Gesellschaft und Demokratie für die Eliten.« Es ist die Bankrotterklärung der Politiker und ihrer politischen Institutionen, die dieses Wirtschaftssystem weiterhin stützen und erhalten wollen.

Erstaunlich ist dabei die weitverbreitete Meinung, dass es den Deutschen immer noch gut gehe, obwohl alle Statistiken, die sich nicht auf den mathematischen Durchschnitt stützen, sondern auf die Entwicklung in absoluten Zahlen, dies nicht bestätigen können. Es hat den Anschein, dass man es den Menschen nur oft genug sagen muss, dann glauben sie es auch.

Im Kapitel »Reiches Land, arme Bürger« habe ich bereits auf die Vermögensverteilung und Lohnentwicklung in Deutschland hingewiesen, wo Deutschland im europäischen Vergleich die letzten Plätze belegt.

Schauen wir auf die Entwicklung der Tafeln, so zeigt diese auch ein dramatisches und beängstigendes Ansteigen der Armut in Deutschland. 1,5 Millionen Menschen werden in ganz Deutschland jedes Jahr von dieser Institution unterstützt. Seit 2007 hat sich die Zahlt verdoppelt. Man kann sich vorstellen, dass die Zahl der potenziellen Nutzer noch weit größer ist, denn viele Menschen nutzen trotz ihrer prekären Lage das Angebot aus Scham nicht.

Die Verarmung der unteren Schicht der Gesellschaft macht sich auch in den enorm gestiegenen Nebenerwerbstätigkeiten bemerkbar, die diesen Menschen das Überleben sichern.

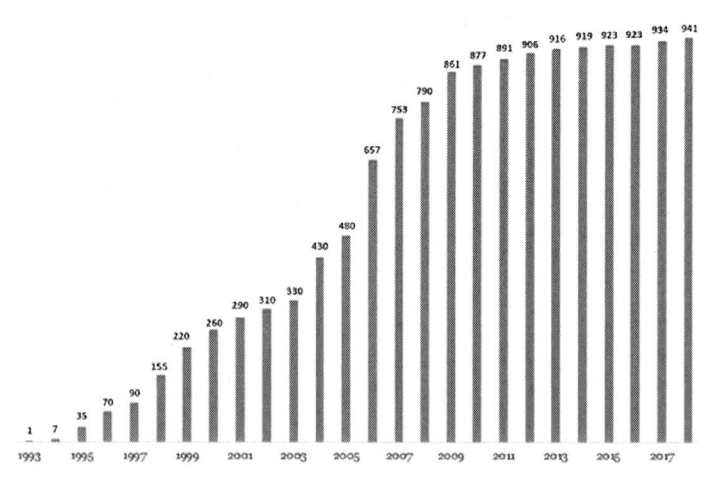

Entwicklung der Anzahl der Tafeln in Deutschland.
Quelle: tafel.de: zahlen-fakten

Jahr	Anzahl
1993	1
1994	7
1995	35
1996	70
1997	90
1998	155
1999	220
2000	260
2001	290
2002	310
2003	330
2004	430
2005	480
2006	657
2007	753
2008	790
2009	861
2010	877
2011	891
2012	906
2013	916
2014	919
2015	923
2016	923
2017	934
2018	941

Sicherlich geht es einem Teil der Menschen in Deutschland immer noch gut, aber der Anteil der Bevölkerung, der in Armut lebt, wächst unaufhaltsam.

Auf dem Technologiesektor setzte die Computerisierung in den neunziger Jahren zu ihrem Höhenflug an. Für Büroarbeitskräfte waren EDV-Kenntnisse dringend erforderlich geworden. Aber auch in den Privathaushalten fanden Computer immer mehr Verbreitung. Mit dem World Wide Web fand auch das Internet, ein weltumspannendes Netzwerk von Computern, die miteinander kommunizieren können. Mitte der neunziger Jahre seinen Weg in die deutschen Wohn- und Arbeitszimmer.

Dies machte den einzelnen Menschen, vor allem die heranwachsende Generation, noch unabhängiger von dem Wissen und den Erfahrungen der Familie und Umgebung. Je nach Kenntnisstand kann der Nutzer nun auch mit Hilfe des Internets und der sozialen Medien seine Meinungsbildung betreiben.

Bis heute steigt die Anzahl der aktiven Internetnutzer stetig an. Das Alter spielt eine immer geringere Rolle. Selbst bei den 50- bis 59-Jährigen sind nahezu 80 Prozent regelmäßig online. Erst in der Altersgruppe 65 plus nimmt die Anzahl der Internetsurfer rapide ab.[125]

Mittlerweile ist das Internet genauso wenig aus unserem Leben wegzudenken wie die Waschmaschine und es hat unsere Lebensweise und Gewohnheiten auf den Kopf gestellt. Inzwischen ist die Gesellschaft »online«, von jung bis alt und überall.

Sei es in Suchmaschinen oder zum Einkaufen im Internetshop, zum Anschauen von Videos auf YouTube oder zum Herunterladen von Musik oder zum Telefonieren via Skype.

Die rasante technische Entwicklung vom Mobiltelefon bis zum Smartphone der heutigen Zeit hat zudem die Kommunikation einer ganzen Gesellschaft entscheidend verändert. Heute »passt« der größte Teil der Lebenszeit in ein Smartphone.

---

[125] Vgl. Für-Gründer.de: Internetnutzung in Deutschland: Das sollten Gründer wissen, 2015.

Häufigste Tätigkeit im Internet. *Quelle: AGOF/Internet Facts 2014-11*

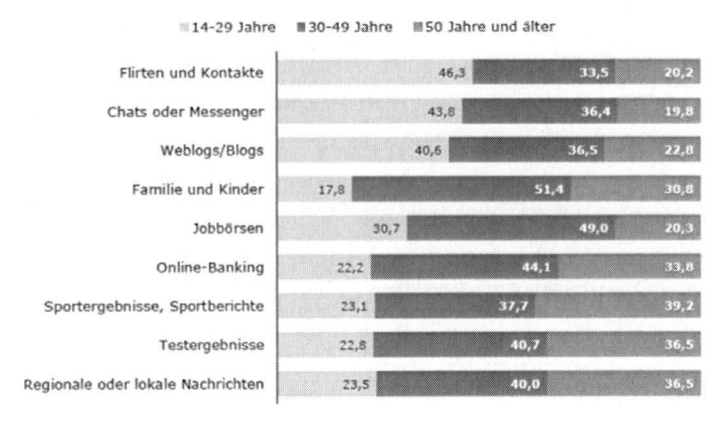

	14-29 Jahre	30-49 Jahre	50 Jahre und älter
Flirten und Kontakte	46,3	33,5	20,2
Chats oder Messenger	43,8	36,4	19,8
Weblogs/Blogs	40,6	36,5	22,8
Familie und Kinder	17,8	51,4	30,8
Jobbörsen	30,7	49,0	20,3
Online-Banking	22,2	44,1	33,8
Sportergebnisse, Sportberichte	23,1	37,7	39,2
Testergebnisse	22,8	40,7	36,5
Regionale oder lokale Nachrichten	23,5	40,0	36,5

Mit der Verbreitung des Internets setzte in den 90er Jahren eine Veränderung ein, die alle Lebensbereiche erfasste. Es hat die Wirtschaftsbereiche nicht nur modernisiert, sondern auch zur Entstehung neuer Wirtschaftszweige beigetragen. Das Internet hat zu einem grundlegenden Wandel des Kommunikationsverhaltens und der Mediennutzung im beruflichen und privaten Bereich geführt. Es eröffnet ungeahnte Informationsquellen verschiedenster Art rund um den Globus. Allerdings gibt es auch Schattenseiten. So ist das Darknet[126], als dunkles Netz Teil des Internets, auch eine optimale Plattform für anonyme, illegale kriminelle Geschäfte im Drogen- und Waffenhandel. Es ist die dunkle Seite des so geschätzten Internets, das aber eigentlich das wahre Internet wäre, wie man es sich wünschen würde. Ein Netz ohne Zensur und Überwachung, mit all seinen Vor- und Nachteilen.[127]

Die Datenübertragung nimmt nicht nur zu, sie wird auch immer effektiver. Die Europäische Weltraumorganisation (ESA) präsentiert inzwischen den modernsten Satelliten mit einem

---

[126] Darknet beschreibt in der Informatik ein Peer-to-Peer-Overlay-Netzwerk, dessen Teilnehmer ihre Verbindungen untereinander manuell herstellen.
[127] Vgl. Spiegel online: Das Darknet ist besser als sein Ruf, 30.7.2016.

Spezialterminal als Herzstück, das eine neue Weltall-Datenautobahn schaffen soll. Der Satellit kann mit Laserlicht Daten übertragen und die gigantisch steigenden Datenmengen schneller verteilen und zum Ziel bringen. Satelliten, Computer, Handy, Smartphone und Internet haben die Kommunikation revolutioniert und dazu die Kosten gesenkt.

Eine wichtige Neuerung ist Blockchain. Sie hat das Potenzial, die gesamte Digitalökonomie und die Rollen der Akteure komplett neu zu definieren und sogar die Marktmacht führender Unternehmen wie Amazon auszuhebeln, so der Geschäftsführer Thomas Täuber von Accenture Deutschland.[128] Blockchain ist ein verteiltes Datenregister, das den Austausch von Informationen, Geld oder Ware ohne Zwischenstellen ermöglicht. Inhalte können nachträglich nicht gelöscht oder manipuliert werden, da das Netzwerk sofort jede Inkonsistenz erkennt. Blockchain ist in den letzten Jahren besonders als Grundlage für Kryptowährungen in Erscheinung getreten. Wie die Zukunft von alternativen Kryptowährungen aussieht, kann jedoch zurzeit niemand beurteilen. Die ständige Neuberechnung der Kryptowährungen erfordert zudem enorme Mengen elektrischer Energie. Erste digitale Blockchain-Plattformen für den weltweiten Handel reduzieren die Komplexität des Handels, erhöhen jedoch den Sicherheitsgrad, die Transparenz, die Effizienz, die Verfolgbarkeit und somit das Vertrauen durch verifizierbare, sichere Daten. Eine Technologie, die große Erwartungen weckt.

Die große Frage ist, kann die Gesellschaft angesichts des enormen technologischen Fortschritts und der Digitalisierung mithalten, oder ist sie auf die Dauer überfordert?

Können die Menschen noch durchschauen, was mit ihnen und all diesen Daten passiert, wenn man beispielsweise an die Datenvorratsspeicherung denkt?

---

[128] Vgl. internetworld.de: Warum die Blockchain den Handel revolutionieren wird, 9.6.2019.

Bildete sich früher die allgemeine Meinung durch zwischenmenschliche Kommunikation und die Medien, ersetzt heute immer mehr das Smartphone den Gesprächspartner und die öffentliche Meinung zerfällt in Teilmeinungen oder in viele Einzelmeinungen, die sich immer schwerer bündeln lassen. Wenn sich diese vielen Einzelmeinungen zu einem Meinungsbild zusammenfassen ließen, wäre dies eine nicht zu unterschätzende Meinungsmacht, die auch ihren Einfluss auf Veränderungen der Politik und Gesellschaft haben könnte. Kaum vorstellbar, dass mit der Einführung des iPhones im Jahr 2007 das Smartphone erst nennenswerte Marktanteile erlangte. Im Oktober 2016 wurden erstmals mehr Webseiten mit Smartphones und anderen mobilen Geräten aufgerufen als von Desktop- und Laptop-Rechnern. In knapp zehn Jahren ist das Smartphone damit zum wichtigsten Internet-Gerät avanciert und hat unsere Welt entscheidend verändert.[129]

Die Gesellschaft befindet sich im Umbruch. Sie muss aufpassen, dass sie nicht in eine virtuelle Parallelwelt abgleitet, die den Blick auf die Realität und auf den Erhalt der lebenswichtigen Grundlagen wie Natur und Umwelt versperrt.

Die permanente und rasant fortschreitende Veränderung in vielen Bereichen durch Forschung und Technik, Digitalisierung und künstliche Intelligenz sind Herausforderungen, die einen Diskurs über die Beherrschbarkeit der weltweiten Entwicklungen erfordern. Niemand weiß genau was die Digitalisierung mit der Gesellschaft macht und wie der technische Fortschritt diese Gesellschaft verändert. In der Dramatik der realen Veränderungen ist dieser Diskurs von außerordentlicher Wichtigkeit, um für die Entwicklungen der Zukunft gewappnet zu sein und sie zu beherrschen, statt von der Übermacht der Megatrends und den weltweiten neuen Entwicklungen wie der künstlichen Intelligenz überrollt zu werden.

---

[129] Vgl. Deutschlandfunk: Das Smartphone hat die Welt verändert, 9.1.2017.

So hat sich die Gesellschaft in einem immerwährenden Prozess von einer Agrar- zu einer Industrie- und Dienstleistungsgesellschaft bis hin zur digitalen Gesellschaft transformiert. Algorithmen bestimmen schon heute zunehmend unsere Lebensweise. Kaum ein Lebensbereich wird in Zukunft nicht von klassifizierenden Algorithmen betroffen sein. Dabei stellen sich zahlreiche ethische Herausforderungen, um den Menschen in dieser digitalisierten Welt in Zukunft zu schützen. Was bleibt, ist die gefühlte Ohnmacht gegenüber der technologischen Entwicklung.

Global gesehen können die Bedürfnisse der Menschen unter Berücksichtigung der Verantwortung für unsere Erde und ihr Ökosystem nicht mehr erfüllt werden, denn der Zustand der Erde und das Weltklima werden zunehmend lebensbedrohlicher.

Die Ursache allen Übels ist der Mensch selbst und die Überbevölkerung. Wir müssen uns der Frage stellen: Ist die Menschheit noch in der Lage, die Situation zu ändern?
Wieso ist es so schwer, eine Politik der Vernunft zu etablieren?

Die Gesellschaften Europas und damit auch die deutsche sind im ständigen Wandel begriffen, denn alle diese Veränderungen unterliegen den stetigen Gestaltungsbemühungen der politischen Akteure und führen daher auch zu einem unaufhörlichen sozialen Wandel. Die Gesellschaft hat sich von einer Agrar- zu einer postindustriellen Dienstleistungsgesellschaft entwickelt. Ermöglicht wurde dies durch den enormen technischen Fortschritt, der sich im Zuge der Globalisierung und Digitalisierung vollzog.

Mit dem Wandel haben sich auch die Bedürfnisse der Gesellschaften verändert. Verfolgt man den Wertewandel in Deutschland nach dem Zweiten Weltkrieg, stellt sich die Frage, was die Menschen heute noch wertschätzen. Was bedeuten dieser Gesellschaft noch Werte wie Ethik, Moral, Ehrlichkeit und Solidarität? Oder sind der Gesellschaft heute andere Ideale wichtiger?

Hierbei fällt den Medien und der Werbung eine besondere Rolle zu. Neue Vorbilder durch das Fernsehen in Filmen und der Werbung haben einen tiefgreifenden Einfluss auf die Menschen und die heutige Gesellschaft. Der Einfluss ist allgegenwärtig und wächst von Tag zu Tag. Auch die Wirtschaft präsentiert den Menschen falsche Vorbilder. Firmen gelten als besonders clever und erhalten gute Ratings, wenn sie in Steuerparadiesen versteuern und die Produktion in Billiglohnländer verlagern. Wolfgang Grupp[130], der Trigema-Chef, bringt es auf den Punkt. Solche Leute ohne Verantwortungsbewusstsein sind für ihn keine Unternehmer, sondern Hasardeure und Ausbeuter.[131]

Werte sind nicht unveränderlich, sondern Ausdruck des Zeitgeists und des Milieus. Sie sind heute mehr denn je von einer starken Ambivalenz geprägt und unterliegen derzeit dem größten Wandel der Gesellschaft.

Nicht zuletzt wird auch die enorme Zuwanderung, vorwiegend aus orientalischen und afrikanischen Kulturkreisen die deutsche wie auch die anderen westeuropäischen Gesellschaften nachhaltig verändern.

Es ist eine enorme Herausforderung an die Demokratie, den Rechtsstaat und Gesellschaft, diese Menschen ohne größere Konflikte in die bisherige Wertegemeinschaft zu integrieren.

In der Erwartung, dass diese neuen gesellschaftlichen Veränderungsprozesse einen positiven Wandel beschreiben und zu einer fairen, solidarischen Gesellschaft in einer gerechteren freien Welt führen, schließe ich das Kapitel mit dem Sprichwort »die Hoffnung stirbt bekanntlich zuletzt«.

---

[130] Grupp, Wolfgang (geb. 1942), ist ein deutscher Unternehmer und alleiniger Inhaber und Geschäftsführer des Textilunternehmens Trigema.
[131] Vgl. Wolfgang Grupp in der Sendung: Menschen bei Maischberger, 2.3.2010.

Schöne neue Welt

Der Titel dieses Kapitels soll bewusst an den 1932 erschienenen Roman von Aldous Huxley erinnern, der eine Gesellschaft in der Zukunft beschreibt, in der Stabilität, Frieden und Glück gewährleistet scheinen. Huxley erzählt in seinem Roman der Zukunft von einer konsequent durchgeplanten und verwirklichten Wohlstandsgesellschaft, die durch genetische und sonstige Manipulation der Menschen ihr Menschsein verloren hat. Dies ist der Preis für den errungenen Fortschritt, der in uns Horrorvisionen hervorruft. Künstlich reproduzierten Menschen werden durch genetische Manipulation und Gehirnwäsche Glück und Zufriedenheit mit der Glücksdroge Soma verabreicht. Eine Gesellschaft, die weder Gefühle noch Sehnsucht nach Freiheit kennt.

Der sozialpolitische Roman soll zum Nachdenken über eine gerechtere Gesellschaftsordnung anregen, darüber, wie eine möglichst zufriedene, gerechtere schöne neue Welt aussehen könnte.

Nachdem ich in den vorhergehenden Kapiteln viel Systemkritik geübt, aber auch vereinzelt Antworten und Lösungen beschrieben habe, möchte ich hier die einzelnen Mosaiksteine zu einem Gesamtbild zusammenfassen. Denn in fast allen Politikfeldern besteht erheblicher Reform- und Handlungsbedarf.

Was muss geändert werden, damit aus den Unzulänglichkeiten unseres politischen und wirtschaftlichen Systems aus einem falschen Spiel wieder eine lebenswertere und bessere Zukunft gestaltet werden kann. Dazu sind jedoch andere

Akteure mit neuen Ideen gefragt, die eine andere Sichtweise auf die politischen Themen haben.

Das Hauptaugenmerk richtet sich dabei, wie schon in den vorherigen Kapiteln ausführlich geschildert, auf das derzeitige neoliberale kapitalistische Wirtschaftssystem mit einem ungerechten Steuer- und Rentensystem und der Überlastung der Sozialsysteme. Die Wirtschaftsordnung des zügellosen Kapitalismus muss durch eine Neue Soziale Marktwirtschaft ersetzt und das Steuersystem nach dem Gleichheitsprinzip gerechter und einheitlich versteuert werden. In der Rentenpolitik sollte über ein neues nachhaltiges Rentensystem nachgedacht werden.

Eine Fehlgeleitete Politik, die zunehmend von Konzernen und Großkapital gesteuert wird, dient immer weniger den Menschen, sondern den Wirtschaftseliten. Falsche Anreizsysteme wie Macht- und Profitstreben und Gewinnmaximierung durch moderne Versklavung der Menschen werden als cleveres Erfolgsmodell des kapitalistischen Wirtschaftssystems mit Top-Ratings belohnt. Die Frage nach dem Nutzen für die Gesellschaft, Umwelt und Natur stellt sich dabei nicht.

Nicht alleine der wirtschaftliche Erfolg darf oberstes und einziges Ziel sein, das alle Mittel heiligt, sondern die Politik und die Unternehmen müssen die unheilvollen Strukturen der Korruption und Ausbeutung bekämpfen, denn der Nutzen für die Gesellschaft, Umwelt und Natur muss Priorität haben. Je größer der Nutzen für die Gesellschaft und die Umwelt, umso erfolgreicher sollte ein Unternehmen bewertet werden.

Karl Marx[132], der wie ich in Trier geboren wurde, kritisierte früh den Kapitalismus. Er teilte die Gesellschaft in Kapitalisten und Arbeiter, ohne zu ahnen, welche Veränderungen der Gesellschaft durch Gewerkschaften und Sozialsysteme bevorstanden, die seine Theorie vom Aufstand der Arbeiterklasse als

---

[132] Marx, Karl (1818–1883), war ein deutscher Philosoph, Ökonom, Gesellschaftstheoretiker und politischer Journalist.

Irrtum entlarvten. Die Ausbeutung ist heute subtiler, globaler und vielschichtiger geworden. Heute müsste Marx von einem »Großkapital« sprechen, das aufgrund seiner Verflechtungen nur schwer zu lokalisieren ist. Man müsste die Politik auf den Kopf stellen, damit sie wieder normal wird. Gleichzeitig wird die Agenda der notwendigen Lösungen wirtschaftspolitischer Probleme durch eine fehlgeleitete Politik in einer ungerechten Wirtschaftsordnung mit jedem Tag größer. Das Schlimmste ist wahrscheinlich die überwältigende Erkenntnis, dass die Welt nicht nach dem gerechten Plan einer heilen Welt funktioniert, sondern vieles nach unklaren Regeln anscheinend unlenkbar launisch und ungerecht läuft. Der Glaube an eine gerechte Welt beinhaltet die Überzeugung, dass es auf der Welt grundsätzlich gerechter zugehen könnte und dass letzten Endes jeder Einzelne an der Vision einer besseren Welt mitarbeiten sollte.

Sind die Menschen trotz des erreichten Wissensstandes und ihrer Intelligenz nicht in der Lage, die Kausalität der heutigen Machtpolitik zu verstehen und mit Vernunft und Verständnis die richtigen Lösungen zu finden, damit eine Politik der Vernunft in die Realität umgesetzt werden kann.

Das Richtige zu tun, ist ein Zeichen menschlicher Intelligenz, die Welt beherrschen zu wollen, ist dagegen ein Zeichen animalischer Wesensart.

In einer gerechten schönen Welt sind die gesetzlichen Regeln nachvollziehbar und antizipierbar. Die sozialen Verhältnisse in der Verteilung von Gütern, sowie Macht, Pflichten, Rechte und Lasten sind als Austausch zwischen Menschen und den sozialen Systemen zu spezifizieren, die an Gerechtigkeitsstandards und Rechtsordnungen zu messen sind.

Es ist die Vision von einer schönen neuen Welt, mit einer demokratischen Weltordnung und verantwortungsvollen Politikern in einem »Weltrat« als Weltregierung mit weltweiter Legitimität, in der alle Staaten der Erde anteilsmäßig vertreten sind. Eine Welt in Frieden ohne Kriege und Vertreibung. Zu den wichtigsten Aufgaben dieses »Weltrats« gehört als übergeordnete Instanz die Überwachung und Einhaltung der Menschenrechte sowie die Unantastbarkeit der Menschenwürde für alle Menschen dieser Welt in Frieden und Freiheit sicherzustellen. Dazu sollte eine gerechte Verteilung der erwirtschafteten Erträge und damit ein je nach Arbeitsleistung gerechter Lohn zur Sicherung des Lebensstandards genauso garantiert sein wie eine entsprechende Altersversorgung, die auch die Lebensarbeitszeit ausreichend honoriert.

Das setzt jedoch voraus, dass sich die verantwortlichen Politiker in ihren Entscheidungen für das Wohlergehen der Menschen einsetzen und keine anderen Kriterien dabei berücksichtigen.

Die Vision einer schönen besseren Welt namens Utopia.
Eine Welt, die es so wahrscheinlich niemals geben wird. Aber im Streben nach einer besseren Zukunft muss der Weg das Ziel sein.

Man sollte sich hierbei eine völlig andere gesellschaftspolitische Gemeinschaft vorstellen, in der eine solch ungerechte Wirtschaftsordnung, wie wir sie heute haben, inakzeptabel ist. Nicht das Gewinnstreben einzelner Unternehmer, sondern die Weiterentwicklung des technischen Wissens und des sozialen Fortschritts der Gesellschaft muss dabei altruistisch im Vordergrund stehen.

Die Sozialsysteme, angefangen von einem gerechteren Steuersystem über das Rentensystem bis hin zu einem solidarischen Gesundheitssystem, unterlägen völlig anderen Maßstäben und Sichtweisen als in der heutigen kapitalistischen Wirtschaftsordnung.

Der Transformationsprozess der Gesellschaft hin zu einer »grünen Ökonomie« umfasst alle Innovationspotenziale der Infrastruktur.

In einer schönen neuen Welt erfordert die Mobilität der Gesellschaft ein zukunftsweisendes modernes Verkehrskonzept sowohl für den internationalen, wie auch für den regionalen Nahverkehr. Einige Länder setzen das bereits um. In Luxemburg ist seit dem Jahresbeginn 2020 der gesamte ÖPNV für die Menschen kostenfrei.

Weitere Potenziale des Mobilitätssektors liegen im Transitverkehr, der vollständig auf die Schiene verlagert werden muss. Die Schweiz zeigt sich hierbei bereits vorbildlich. Schnelle »Transrapid-Züge« könnten die europäischen Metropolen verbinden. Von Paris nach Prag oder Berlin in wenigen Stunden. Komfortabel, bezahlbar und CO_2-neutral.

Städte und Kommunen werden dabei vollständig von lokalen oder regionalen erneuerbaren Energiequellen versorgt. Der Bedarf an fossilen Brennstoffen würde damit der Vergangenheit angehören.

Gesellschaftspolitische Ziele wie das Stoppen des Klimawandels sind Ausdruck der Verantwortlichkeit der Menschen für die Erhaltung der Natur und Umwelt. Mit den »Fridays for Future«-Demonstrationen[133], einem Schulstreik der Jugendbewegung für das Weltklima, solidarisiert sich mittlerweile ein hoher Anteil älterer Teilnehmer, darunter vor allem Berufstätige und Rentner. Dieses Engagement für eine bessere Welt kann man nicht genug loben, auch wenn die Politik dazu neigt, dadurch andere wichtige Themen in den Hintergrund zu drängen.

In einer schöneren besseren Welt muss das Wohl der Menschen im Mittelpunkt des Wirtschaftslebens stehen und der Glaube an eine positive Veränderung der politischen Verhältnisse gegen die Macht der Konzerne und des Kapitalismus.

---

[133] Nach dem Vorbild der Initiatorin Greta Thunberg gehen Schüler freitags während der Unterrichtszeit auf die Straßen und protestieren. Der Protest findet weltweit statt und wird von den Schülern und Studenten organisiert; so sollen beispielsweise am ersten weltweit organisierten Klimastreik am 15. März 2019 fast 1,8 Mio. Menschen an den Demonstrationen von FFF teilgenommen haben.

In der heutigen geopolitischen Weltlage herrscht vor allem das Machtstreben der Großmächte ohne Rücksicht auf die Erwartungen der Menschen, die sich eine friedliche Koexistenz aller Staaten wünschen. Um Ökonomie mit politischer Ethik zu verbinden, braucht die Politik Persönlichkeiten, die Autorität, Erfahrung und Kenntnisse mitbringen. Politiker und Eliten, die Wachstum nicht in der Kapitalakkumulation der Konzerne und Finanzkartelle sehen, sondern Wachstum als Fortschritt und Entwicklung der Gesellschaft zum Wohle der Menschen in einer Gesellschaft in Sicherheit, Frieden und Freiheit mit einer intakten Umwelt und Natur begreifen. Die Ursache der fehlgeleiteten Politik liegt wie dargelegt in falschen Anreizsystemen des kapitalistischen Wirtschaftssystems.

Bei allen Schwächen und Fehlern der Politik, die in den verschiedenen Kapiteln beschrieben wurden, darf man dennoch nicht aufhören, für eine bessere Welt zu werben und einzustehen. Eine schöne neue Welt, die das Leben wieder lebenswert macht.

An dieser Stelle möchte ich es den Lesern selbst überlassen, wie sie sich eine bessere und gerechtere Welt vorstellen.

Nach dem Leitgedanken »Utopia jetzt« heißt die Forderung:

»Lasst uns die Welt verändern
für eine bessere Zukunft!«

Schlusswort

Als aufmerksamer Beobachter der politischen und wirtschaftlichen Entwicklung seit dem Zweiten Weltkrieg, konnte ich auf eine sich immer schneller verändernde Welt mit einer rasanten wirtschaftlichen und technischen Entwicklung zurückblicken. Aus deutscher Sicht war die Wirtschaftswunderzeit durch ein unerwartet schnelles und nachhaltiges Wirtschaftswachstum in der Bundesrepublik Deutschland nach dem Zweiten Weltkrieg gekennzeichnet. Auch in Österreich und in Japan, das völlig am Boden lag, erlebten die Menschen diese Wirtschaftswunderzeit. Japan konnte in der Folgezeit Deutschland sogar zeitweise überholen.

In den letzten drei Jahrzehnten habe ich jedoch in Deutschland einen zunehmenden Wohlstandsverlust der unteren und mittleren Gesellschaftsschichten beobachten müssen, während ein geringer Prozentsatz wohlhabender Vermögensbesitzer immer reicher geworden ist. Ist das einer fehlgeleiteten Politik geschuldet oder ist diese Entwicklung bewusst so gewollt? Im letzteren Fall wäre das ein falsches Spiel der Machteliten und der politisch Verantwortlichen gegenüber großen Teilen der Gesellschaft und ihrer Bürger.

Superreiche saugen im internationalen Spekulationshandel mit ihrer Kapitalakkumulation die Milliarden auf, die jeden Tag von der Europäischen Zentralbank (EZB) auf den Markt geworfen werden. Von all den Geldmengen kommt jedoch nichts bei der arbeitenden Bevölkerung an. Es ist das Geld, das für dringende Investitionen in allen Bereichen des gesellschaftlichen Lebens benötigt wird. Deutschland gerät zusehends in eine hochkritische Situation, die nur durch dringende wirtschaftspolitische Reformen korrigiert werden kann, ehe es zu spät ist.

Auch der Sozialstaat scheint nicht mehr in der Lage zu sein, die sozialen Sicherheiten der Menschen in vollem Umfang zu garantieren, denn in allen sozialen Bereichen steigen trotz immer höherer Beitragszahlungen die Kosten und Zuzahlungen, die von den betroffenen Bürgern zusätzlich erbracht werden müssen. Das vorrangige Problem in Deutschland ist jedoch die ständig zunehmende ungleiche Verteilung der Vermögen und Einkommen.

Diese Verteilungsproblematik kann nur durch eine radikale wirtschaftspolitische Kursänderung oder besser noch durch die Implementierung eines neuen Wirtschaftssystems gelöst werden, denn diese desaströse Situation ist dem heutigen weltweit angestrebten neoliberalen Kapitalismus mit seiner Profitgier geschuldet.

Die globale Finanz- und Schuldenkrise und die Bankenpleite in Amerika haben gezeigt, welche Gefahren diese Wirtschaftsordnung mit sich bringt und was möglicherweise in der Zukunft noch zu erwarten ist.

Man kann es nicht oft genug wiederholen: Deutschland braucht ein generelles Umdenken auf allen Ebenen und eine neue, gerechtere Wirtschaftsordnung mit völlig anderen Anreizsystemen und einer besseren Entlohnung nach Systemrelevanz und sozialer Verantwortung.

Zu einem solchen Wirtschaftssystem gehört natürlich auch ein gerechteres Steuer- und Rentensystem. Eine moderne Neue Soziale Marktwirtschaft, wie sie in diesem Buch vorgestellt wurde, wäre beispielsweise eine solche Wirtschaftsordnung, die für mehr Ausgleich der erwirtschafteten Erträge sorgen könnte und zudem den Anforderungen einer neuen Zeit gerecht werden würde.

Der Neoliberalismus im derzeitigen kapitalistischen System festigt und stärkt die Machtinteressen der Kapitaleliten, die mit ihrer Machtpolitik mit den Menschen ein unfaires Spiel treiben. Weltweit sind die Auswirkungen dieses ungleichen Spiels im Machtpoker der Mächtigen zu spüren. Veränderungen sind nicht gewollt, weil sie ihrem Machterhalt entgegenstehen.

Täglich berichten Medien über Kriege, Hungersnöte und Fluchtbewegungen, die aus wirtschafts- und geopolitischen Machtinteressen nicht nur durch die Großmächte, sondern inzwischen auch durch weitere machthungrige Staatsführer verursacht werden, die die Welt immer unsicherer machen.

Die Großmächte und Europa sind anscheinend nicht in der Lage, die globalen Probleme anzugehen und eine neue Weltordnung im Sinne einer friedlichen Koexistenz aller Staaten zu schaffen. Sie sind in ihrer Denkweise weiterhin zu sehr dem Machtstreben verhaftet, statt Vernunft und Verstand zu nutzen, um über die Kausalität von Kriegen, Vertreibung und Zerstörung nachzudenken und ein vertrauensvolles Miteinander der Verantwortlichen in ihren Verhandlungen zu erreichen. Als hoch entwickelte Volkswirtschaften müssten sie doch erkennen, dass der Weltfriede ein weit höheres Gut ist. Daher ist es mir wichtig, den Verantwortlichen zu ihren Konferenzen einen Leitgedanken mit auf den Weg zu geben: »Wo Vertrauen gesät wird, da wächst auch Frieden.« Es sind jedoch Zweifel angebracht, ob dieser Frieden auch wirklich gewollt ist.

Europa befindet sich noch immer in der Findungsphase, und Deutschland als führende Wirtschaftsmacht kann sich wie die meisten europäischen Staaten nicht vom Vasallendasein gegenüber den USA befreien. Wenn die EU sich als wichtiger wirtschaftlicher und weltpolitischer Player etablieren will, muss sie jedoch mehr Eigenständigkeit und Selbstbewusstsein entwickeln, um die eigenen europäischen Interessen besser vertreten zu können.

Konferenzen und Geheimtreffen wie das Weltwirtschaftsforum in Davos[134], die Münchner Sicherheitskonferenz[135] oder die Bilderberg-Konferenz[136], die weitreichende Weichenstellungen und Entscheidungen für Politik und Wirtschaft, aber auch für weite Teile der Weltbevölkerung treffen, sollten nicht alleine von Machteliten bestimmt, sondern auch von bürgernahen Institutionen begleitet werden.

Das gilt auch für die Konferenzen der Ölförderländer, bei denen es nicht nur um die Begrenzung fossiler Brennstoffe gehen sollte, sondern auch um die Transformation der Energiewirtschaft in eine erneuerbare und CO_2-neutrale Versorgung der Zukunft.

Dazu sollten auch Wissenschaftler aus Forschung und Umweltverbänden eingebunden werden, damit in den Entscheidungsprozessen die Weichen für ganzheitliche Energielösungen mit mehr Effizienz in der Wirtschaftlichkeit und Versorgungssicherheit der Menschen gestellt werden können.

Wobei man sich generell Gedanken über die Legitimität dieser OPEC[137]-Konferenzen über Ölpreisabsprachen mit dem Ziel eines monopolisierten Ölmarkts machen sollte, da Preisabsprachen im marktwirtschaftlichen Denken eigentlich nicht erwünscht sind.

---

[134] Das Weltwirtschaftsforum (WEF) ist eine Stiftung, die jährlich ein Treffen international führender Wirtschaftsexperten, Politiker, Wissenschaftler, gesellschaftlicher Akteure und Journalisten in Davos abhält, um über aktuelle globale Fragen zu diskutieren.
[135] Die Münchner Sicherheitskonferenz (MSC) ist eine seit 1963 jährlich in München stattfindende Tagung von internationalen Sicherheitspolitikern, Militärs und Vertretern der Rüstungsindustrie.
[136] Die Bilderberg-Konferenzen sind informelle Treffen von einflussreichen Personen aus Wirtschaft, Politik, Militär, Medien, Hochschulen, Hochadel und Geheimdiensten, bei denen Gedanken über aktuelle politische, wirtschaftliche und gesellschaftliche Themen ausgetauscht werden.
[137] Die Organisation erdölexportierender Länder (OPEC) ist eine 1960 gegründete internationale Organisation mit Sitz in Wien.

Der ökologische Wirkungsgrad der fossilen Energien ist aus heutiger Sicht in seiner Effizienz zudem äußerst mangelhaft und umweltschädlich zugleich. In Zukunft muss die Forschung stärker auf neue Energiequellen ausgerichtet werden, nicht zuletzt damit die Erderwärmung aufgehalten werden kann.

Konstruktive Gespräche auf internationaler Ebene über Strategien für einen homogenen Übergang in das neue Energiezeitalter brauchen vor allem einen starken Willen zur Veränderung und visionäre Ziele für einen erfolgreichen Umbau der Wirtschaft und Gesellschaft.

Der heutigen einseitigen wirtschaftlichen Globalisierung fehlt weiterhin eine ordnungspolitische Komponente. So wird es immer wichtiger, dass für weitreichende globale Entscheidungen eine Organisation im Sinne einer »Weltregierung« etabliert wird, ähnlich der UNO, jedoch ohne Vetorecht und mit Beteiligung aller Länder. Diese neue Institution mit flächendeckender Legitimation und Verantwortlichkeit für die Welt könnte dem heutigen geostrategischen Machtdenken der Staaten Grenzen setzen und die weltumspannenden Probleme lösen. Ein schwieriges Unterfangen, weil im Gegensatz zum Sicherheitsrat der UNO alle Staaten der Welt in der Zusammensetzung eines »Weltrats« repräsentativ vertreten sein müssten. Denn die großen Themen unserer Zeit können nur in gemeinsamer Verantwortung behandelt und gelöst werden.

Man muss eben gerade diese Zukunftsvisionen mit einbringen, um durch totales Umdenken weg vom imperialistischen Machtdenken und der Zerstörung der Natur und Umwelt ein besseres Umweltbewusstsein zu erreichen.

Die weltweit großen Herausforderungen wie Klimawandel, Begrenzung des CO_2-Ausstoßes, Bevölkerungswachstum usw. können nur von einer Weltgemeinschaft gelöst werden.

Beispielsweise wäre eine weltweite Wiederaufforstung der Wälder notwendig, um dem Klimawandel entgegenzuwirken. Auch die Wüstenbildung kann durch Bepflanzung mit geeigneten Straucharten aufgehalten werden, wie es in China im Altai gemacht wird.[138] Mit einer konsequenten Aufforstung könnte weltweit mehr als ein Drittel CO_2 gespeichert werden.

Ein weiteres wäre die Säuberung der Weltmeere von Plastikmüll, der von Menschen achtlos und ohne Strafe in die Natur geworfen wird. Laut WWF[139] schwimmen 80 Millionen Tonnen Plastik in den Weltmeeren, die zumindest recycelt werden könnten. Eine Herausforderung für alle Staaten dieser Erde. Es wäre vieles machbar, man muss es nur wollen.

Die größte Herausforderung und wichtigstes Problem unserer Zeit ist das rasante Bevölkerungswachstum mit all seinen schädlichen Einflüssen auf das Weltklima und die Ökosysteme der Erde. Die knappen Ressourcen in den weniger entwickelten Regionen der Erde sind zudem Ursache für Elend, Hunger und Flucht.

Der Mensch ist dabei, durch sein enormes Bevölkerungswachstum seine eigene Lebensgrundlage zu vernichten. Gegenwärtig nimmt die Weltbevölkerung jährlich um 82 Millionen Menschen zu. Das entspricht in etwa der Bevölkerung Deutschlands. Ein Problem von besonderer Bedeutung und Tragweite, das nur global gelöst werden kann und gelöst werden muss, denn die Menschen haben alle die gleichen Bedürfnisse, die es zu erfüllen gilt.

Ist das unbegrenzte Bevölkerungswachstum der Anfang vom Ende der westlichen Wohlstandsgesellschaft? Schließlich kann unsere Erde nur für etwa zwei bis drei Milliarden Menschen die Lebensqualität bieten, die wir in der Europäi-

---

[138] Vgl. Süddeutsche Zeitung: Chinas grüne Armee soll die Wüste aufhalten, 22.12.2016.
[139] Der WWF (World Wide Fund for Nature) ist eine 1961 gegründete internationale Natur- und Umweltschutzorganisation.

schen Union gewohnt sind.[140] Die einzige Lösung besteht in einer globalen Bevölkerungspolitik. Leider liegt auf diesem Thema der Überbevölkerung und Bevölkerungspolitik oftmals ein Tabu, obwohl dies kein Tabuthema sein dürfte.

Politik und Wissenschaft müssen sich mehr den existenziellen Problemen der Menschheit zuwenden, wie der Überbevölkerung, dem Hunger, den Kriegen und der Vertreibung, um die richtigen Handlungsempfehlungen zu deren Bekämpfung geben zu können. Leider neigt die Politik dazu, sich eher mit den Folgen dieser Probleme zu beschäftigen, statt die Ursachen zu bekämpfen. Warum ist das so? Ist die Politik nicht fähig oder nicht willens, auf die Auslöser der Probleme zu reagieren?

Ein weiteres Phänomen der Politik ist, ein gerade aktuelles Thema vorrangig zu behandeln und damit andere gleich wichtige Themen zu vernachlässigen. Alle zuvor angesprochenen Themen sind jedoch gleich wichtig und sollten auch gleichrangig behandelt werden.

Fakt ist, das weltweite Ökosystem steht auf der Kippe. Die globalen Probleme sind die Folgen der Übernutzung der Natur und Umwelt durch die Menschen.

Die beschriebenen Probleme und Herausforderungen unserer Zeit sind zusammengefasst:

- Rasante Bevölkerungszunahme in Teilen der Welt
- Umweltbelastungen des Bodens, des Wassers und der Luft
- Klimawandel und Zerstörung natürlicher Ressourcen
- Dramatisches Artensterben
- Wasserknappheit und Trinkwasserversorgung

Diese Auswirkungen sind symptomatisch für ein überlastetes globales System.

---

[140] Vgl. Berlin-Institut für Bevölkerung und Entwicklung, 2019.

Darüber hinaus stellen sich weitere machtpolitische Probleme, etwa:

- Armut
- Korruption
- Geopolitische Interessenkonflikte und Kriege
- Atomare, biologische und chemische Aufrüstung

Es fehlt aber anscheinend immer noch an der Notwendigkeit, in einer gemeinsamen Anstrengung die großen globalen Probleme dieser Erde anzugehen. Der von mir geforderte »Weltrat« ist aber leider noch nicht existent. Es geht um nichts weniger als um unsere Lebensgrundlage auf diesem Planeten. Einen weiteren haben wir nicht.

Haben die Menschen aus Katastrophen, Umweltkrisen und den Fehlern der Vergangenheit nichts gelernt, oder kann uns der gereifte menschliche Verstand einen besseren Weg in eine hoffnungsvolle Zukunft zeigen? Es ist aber zu befürchten, dass die Menschheit erst dann zur Vernunft kommt, wenn es keinen Ausweg mehr zu geben scheint.

Eine ganz wichtige Erkenntnis ist, dass die derzeitige Wirtschaftsordnung der westlichen Hemisphäre verändert werden muss, denn das Streben nach ständigem Wachstum der Wirtschaft und die Gier nach immer mehr erweist sich als Fehlentwicklung und Wurzel allen Übels. In fast allen Volkswirtschaften gilt Wirtschaftswachstum als vorrangiges Ziel der Wirtschaftspolitik, ohne über die Folgen des profitorientierten Systems nachzudenken, denn ständiges und unbegrenztes Wachstum führt letztlich zur Zerstörung unserer Lebensgrundlagen.

Die »Green Economy« mit einer nachhaltigen ökologischen und sozialen Ausrichtung könnte die Formel für eine neue in die Zukunft gerichtete Entwicklung sein, die mehr die ökologischen und sozialen Aspekte und damit den Wohlstand statt Wachstumsorientierung betont.

Die Menschen brauchen eine Neuorientierung in Kultur und Politik in einer naturgerechten Zivilisation mit Verantwortung für den Erhalt unserer Lebensgrundlage auf dieser Welt.

Wir sollten offen sein für diese dringend notwendigen Veränderungen in vielen Bereichen des wirtschaftspolitischen und gesellschaftlichen Lebens.

Im falschen Spiel mit blindem Machbarkeitswahn und selbstherrlicher Überheblichkeit gegenüber der Natur wird der Mensch der Verlierer sein und verliert damit seine Lebensgrundlage.

Erde, Meere und Kontinente, Landschaften, Flüsse und Seen, Pflanzen, Tiere und Menschen – alles gehört zusammen zu einem globalen Lebensraum der Biosphäre. Noch ist es nicht zu spät, die Reißleine zu ziehen, andernfalls bleiben uns nur die Sehnsucht nach einer bunten, intakten Natur und der Traum von einer gesunden, heilen Welt. Der Welt, die wir gerade zugrunde richten.

Es geht darum, Deutschland, Europa und die Welt neu zu denken, denn das System, in dem wir leben, ist pervertiert. Lasst uns nicht über ein Mehr-und-immer-mehr, sondern über ein Besser nachdenken. Nur so kann die Vision von einer besseren und gerechteren Welt Wirklichkeit werden.

In diesem Sinne wünsche ich allen Menschen dieser Erde ein Leben mit verantwortungsvollen Protagonisten, ohne ein falsches Spiel der Mächtigen, für eine hoffnungsvollere Zukunft in einer lebenswerten besseren Welt.

Ich hoffe, dass dieses Buch zum Nachdenken anregt und die Sinne für politische und wirtschaftliche Notwendigkeiten inspiriert und schärft, damit Deutschland aus seiner unendlichen Duldsamkeit und Lethargie erwacht.

Politik der Ignoranz

Die höchste Form der Ignoranz ist trotz besseren Wissens mit Arroganz den Willen der Bürger zu ignorieren und nichts hören und nichts sehen zu wollen.